BILDERRAHMEN

Miranda Innes

BILDERRAHMEN

einfach selber machen

Photographie von Clive Streeter

AT VERLAG

EIN DORLING KINDERSLEY BUCH

Englische Erstausgabe bei:
Dorling Kindersley Ltd., London 1995
Titel der Originalausgabe:
DECORATIVE FRAMES

Aus dem Englischen übersetzt von:
Eva Haslinger

Produktionsbetreuung:
Print Company Verlagsges.m.b.H.,
Margaretenstr. 87, 1050 Wien
Satz: Kaltenbrunner+Dorfinger OEG

ISBN 3-85502-610-6

Printed and bound in France by Pollina

Inhalt

Holz- und Metallrahmen

Rahmen aus Stoff und Papier

Vorwort

Rahmen sind der Traum des Dekorateurs. Sie geben Kunstwerken den letzten Schliff und verleihen unscheinbaren Drucken Charakter; sie bringen eine kunterbunte Andenkensammlung in eine würdigere Form; und, wenn sie einen Spiegel umgeben, bilden sie eine schmeichelnde Umrahmung für Ihr Gesicht.

Folien-Finesse
Einfache Bestandteile mit Pfiff ergeben ein wahres Schmuckstück.

Rahmen sind für ein Zimmer Schmuck und Accessoire; kräftige harmonisierende Rahmen können sein Farbschema wiedergeben oder Motive des bestehenden Dekors hervorheben und so alle Elemente zu einer musikalischen Fuge zusammenführen. Wenn Sie nicht genug Mut aufbringen, um sich selbst Künstler oder Maler zu nennen, können Sie sich zumindest einen ähnlichen Status geben, indem Sie Ihr Stilleben mit einem Rahmen umgeben, der Farbe, Form und sogar Objekte des Bildes betont. So wird das Ganze reizvoller als die Summe seiner Bestandteile. Ohne viel Anstrengung – und ohne viel Anmaßung – werden Sie etwas geschaffen haben, das man sich gerne ansieht.

Wasserwelt
Ein Strandaquarell fest in Treibholz vertäut.

Rahmen sind sehr einfach herzustellen. Ich spreche hier nicht von gekauften Rahmen in ihrer schlichten Perfektion, so nett, vorhersehbar und nüchtern, daß man sie gar nicht wahrnimmt. Nein, in diesem Buch finden Sie Rahmen, die Sie selbst herstellen und verzieren können, Rahmen mit Charakter, Charme und Bezug auf Ihr Leben, auf die Sie mit Recht stolz sein können. Wenn Ihr Rahmen dann dem Bild, für das er gefertigt wurde, die Show stiehlt, so macht das nichts. Werfen Sie das Bild weg, fügen Sie einen Spiegel ein und sonnen Sie sich in glänzender Reflexion.

Für die Rahmenherstellung brauchen Sie nur wenige Materialien. Billiges Holz oder sogar Karton und etwas Farbe, Papier, Stoff und Klebstoff. Die interessanteren Materialien finden Sie ohnedies in Schubladen und auf dem Dachboden. Vielleicht wird Ihnen

Schön geschnitten
Kopieren, Schneiden und Färben.

ein runder Geburtstag den notwendigen Antrieb geben, eine Geburt oder der Hochzeitstag Ihrer Eltern. All die Karten und das schöne Geschenkpapier, die Bänder und Rosen, die so voll von Erinnerungen sind, daß man sie einfach nicht wegwerfen kann, diese Dinge können Sie ja auf einen Bogen Papier aufkleben und dieser Collage einen würdigen Rahmen geben, mit aus Geschenkpapier geschnittenen Motiven oder Papiermaché aus dem bunten Seidenpapier, in dem die Champagnergläser eingewickelt waren. Schön eingerahmte Erinnerungen bedeuten viel mehr als Fotos und Karten, die auf dem Dachboden vor sich hinmodern.

Rhapsody in Blue
Elegante Schrift auf einem Papiermaché-Rahmen.

Alles läßt sich auf diese Weise verschönern. Mit einer Collage aus Fotos, Herbstblättern, der Essensrechnung und dem Weinetikett können Sie eine Erinnerung an einen Landausflug schaffen und sie in einen rotbraun-goldenen Holzrahmen geben. Die Urlaubssouvenirs vom Meer, also Muscheln, Kieselsteine, Postkarten und grelle Bonbons, machen sich sehr gut, wenn sie von ausgewaschenem Treibholz umgeben sind. Wenn Sie erst einmal auf dem Rahmenweg sind, wird Ihnen bloßes Holz nackt und unvollständig erscheinen. Sie werden danach lechzen, diese langweiligen Vierecke mit ein paar Goldklecksen, Schablonen oder einer feinen, verführerischen Holzbeize zu verzieren.

Fröhliche Reste
Eine Kartonform mit lebhaften Stoffen überzogen.

Vorgefertigte Rahmen sind billig und sparen Zeit und Mühe bei der Vorbereitung Ihrer kreativen Ausbrüche. Soll sich doch ein anderer damit herumärgern, perfekte Gehrungen zuzuschneiden, Sie haben Interessanteres zu tun, etwa ein Mosaik auszuprobieren; wahrscheinlich dachten Sie immer, daß man dazu viel Erfahrung braucht. Völlig falsch, Sie brauchen nur eine einfache Idee und viel Geduld. Sobald Sie erst einmal mit den wunderbaren, glitzernden Steinchen aus dem Bastelshop experimentiert haben, werden Sie vielleicht auch die Scherben Ihres guten Geschirrs wiederverwerten, oder sich etwas Gewagterem zuwenden, mit Spiegelscherben und Glassteinen aus dem Geschäft.

Rahmen können alles umgeben und aus allem hergestellt werden. Mit diesem Buch und ein wenig Kreativität steht Ihnen diese wunderbare Welt offen.

Königliche Klamotten
Handverhakte Stoffreste – die Krönung des Recycling.

Techniken und Ausarbeitung

Um einen schönen Bilderrahmen herzustellen, brauchen Sie die richtige Ausrüstung. Die wichtigsten Werkzeuge sind: Stanley-Messer, Metallineal, Zapfensäge und Gehrungsschneidelade, Zwinge, Aufhänghaken und Nylonschnur. An Materialien benötigen Sie Zierleisten, Aufziehkarton, PVA-Leim, Klebeband, zugeschnittenes Glas und Hartfaserplatten als Unterlage.

Den Rahmen bemessen und herstellen

Zuerst müssen Sie die Größe des Rahmens festlegen. Messen Sie Länge und Breite des Bildes – oder des Passepartouts – ab und fügen Sie jeweils 3 mm zum Anpassen dazu. Um die gesamte Länge festzustellen, addieren Sie beide Werte und verdoppeln diese Zahl. Um an den Ecken hervorstehende Leisten unterbringen zu können, multiplizieren Sie die Breite des Rahmens mit 8 und addieren diesen Wert zur Gesamtzahl. Schließlich fügen Sie zum Schneiden noch 5 cm hinzu. Nun haben Sie die Leistenlänge, die Sie benötigen. Am besten Sie kaufen sie in einem Stück, da es bei kleineren Stücken geringe Materialunterschiede geben kann.

Beim Zuschneiden der Rahmenteile ist genaues Messen unabdingbar. Messen Sie den Schnittpunkt immer an der äußeren Leistenkante ab. Die Länge jeder Rahmenseite sollte also gleich der Länge oder Breite des Bildes plus 3 mm und zwei Leistenbreiten sein.

Jeder Rahmenteil sollte gegengleich gegehrte Ecken haben. Achten Sie darauf, daß Sie die Teile richtig zuschneiden. Schleifen Sie die Teile nach dem Gehren nicht ab, auch wenn sie rauh sind, da sie dann nicht richtig zusammenpassen, sondern erst, wenn der Rahmen komplett zusammengebaut ist. Sie können die Ecken auch mit je zwei Stiften zusätzlich verstärken.

Messen Sie ab, wie viel vom Bild Sie zeigen wollen und fügen Sie 5 bis 7,5 cm für die Maße des Aufziehkartons hinzu. Schneiden Sie den Bildrücken mit einem Stanley-Messer oder einem speziellen Rahmenschneider zu. Für abgeschrägte Kanten werden Sie wahrscheinlich ein bißchen Übung brauchen; mit einem Rahmenschneider ist das leichter. Die Klinge ist bereits im richtigen Winkel montiert und läßt sich unterschiedlichen Materialstärken anpassen.

Den Rahmen fertigstellen

Um das Bild aufzuhängen, messen Sie von oben ein Drittel der Rahmenlänge ab und schrauben Sie auf beiden Seiten eine Bilderöse an. Befestigen Sie eine Nylonschnur; sie sollte weder fest gespannt, noch so locker sein, daß sie über dem Bildrand sichtbar ist. Entweder Sie lassen den Rahmen mit sichtbarer Holzmusterung, oder Sie verschönern ihn mit Farben, wie Sie unten sehen können.

◄ *Feine Linien entstehen, wenn man einen langborstigen Pinsel durch nasse Lasur zieht.*

◄ *Dieser Rahmen wurde mittels einer Schablone verziert, die Muster wurden mit schwarzer Farbe betont.*

◄ *Einen Grünspan-Effekt erzielen Sie, indem Sie minzgrüne Farbe auf einen dunkelgrauen Untergrund tupfen und dann ein wenig goldene Farbe auftragen.*

◄ *Dieses Schablonenmuster wurde mit Goldfarbe aufgetragen. Die Malerei wurde leicht abgeschliffen, um einen Antik-Effekt zu erzielen.*

1 Schneiden Sie eine Kantenleiste in der Gehrungsschneidelade in der richtigen Schrägung zu. Messen Sie die Länge des Rahmens ab. Die zweite Kante gegengleich abschrägen. Drei weitere Teile zuschneiden und die abgeschrägten Kanten zusammenkleben (siehe kleines Bild).

2 Idealerweise besitzt die Zwinge drei L-förmige Klemmvorrichtungen und eine vierte, verstellbare Klammer und wird von einem Nylonband umgeben. Befestigen Sie die Klemmvorrichtungen, spannen Sie das Band und lassen Sie den Rahmen über Nacht in der Zwinge.

3 Zeichnen Sie auf der Rückseite eines Aufziehkartons die Maße des Passepartouts auf. Schneiden Sie die Kante mit Hilfe eines Metallineals ohne abzusetzen mit einem Stanley-Messer aus. Wollen Sie abgeschrägte Kanten, halten Sie das Messer in einem Winkel von 60 Grad.

4 Befestigen Sie das Bild auf der Rückseite des Passepartouts. Legen Sie das Glas, das Passepartout mit der Bildseite nach unten und die Hartfaserplatte hinein. Mit kleinen Nägeln auf der Rahmenseite (siehe kleines Bild) sichern.

5 Ein Klebeband entlang der Kanten der Hartfaserplatte und des Rahmens hält Staub und Feuchtigkeit ab. Schrauben Sie in gebohrte Löcher zwei Ösen zum Aufhängen. Befestigen Sie einen Nylonfaden an der Rückseite, fest verknoten.

6 Der Rahmen ist nun fertig. Achten Sie darauf, daß die Hängeschnur von vorne nicht sichtbar ist, und hängen Sie ihr Bild auf.

◄ Für ein Streifenmuster ziehen Sie einen Kamm durch die nasse Lasur.

◄ Hier wurden verschiedene Lasurfarben aufgetragen, um einen Schildkrötenpanzer nachzuahmen.

◄ Mit Schablonen läßt sich besonders eindrucksvoll verzieren.

► Diese Form der Kammethode ergibt ein interessantes Wellenmuster.

► Wenn Sie kräftige Lasurfarben stark abschleifen, erzielen Sie ein lebhaftes Muster.

COBALT BLUE
BLEU DE COBALT
EMBRANDT
acrylic
colour
NET CONT. 40 ml
AW

Holz- und Metallrahmen

Holz ist das traditionelle Material für Rahmen, und es macht Spaß, beim Holzhändler alle Variationen von Rundleisten und Formen für die Rahmengestaltung zu erkunden. Lack, Grünspan, Ziehen, Tupfen und Krakelieren sind wirkungsvolle, herkömmliche Methoden der Holzbearbeitung. Sie können aber auch andere Ideen ausprobieren, etwa ein Kaleidoskop von Variationen eines Mosaik-Themas, eine Collage aus glänzender Folie und Glassteinen, Schablonen im afrikanischen Stil, aufgeklebte Motive aus Büchern. Mit etwas Mut wagen Sie sich an einen Metallrahmen. Sobald Sie mehr Selbstvertrauen haben, können Sie sich größeren Projekten zuwenden.

Ein Hauch von Klassik

MATERIALIEN
- Holzrahmen
- rote Acryl-emulsionsfarbe
- Kerze
- grüne Acryl-emulsionsfarbe
- Papiermotive zum Verzieren
- PVA-Leim
- Krakelee auf Wasserbasis (zwei Lösungen)
- umbrabraune Künstler-Ölfarbe

WERKZEUGE
- Schleifpapier
- Künstlerpinsel
- Stahlwolle
- Skalpell
- Schneideunterlage
- kleine Nagelschere
- Küchenkrepp
- Tuch

Mit nichts kann man schneller und einfacher einen schlichten Holzrahmen beleben als mit ausgeschnittenen Motiven. Überall sind Bilder, die geradezu darum betteln, aus Zeitschriften, Geschenkpapier, Glückwunschkarten und Katalogen ausgeschnitten und als Teil unserer Erinnerungen verarbeitet zu werden. Eintrittskarten, Einladungen, kleine, auf Papier gekritzelte Nachrichten – all das kann für diese collageartige Kunst verwendet werden. Versuchen Sie jedoch, harmonierende Farben zu verwenden, damit Motive und Hintergrund zusammenpassen. Von einem strukturierten Hintergrund wird sich Ihr ausgeschnittenes Motiv nicht zu stark abheben.

Sorgfältiges Ausschneiden der Motive ist unabdingbar. Kleine, gebogene Nagelscheren schaffen auch die engsten Kurven, ein Skalpell leistet bei den restlichen Kanten gute Dienste. Bedenken Sie, daß Skalpelle in der Chirurgie eingesetzt werden und außerordentlich scharf sind; schützen Sie Ihre Arbeitsfläche mit einer Schneideunterlage oder einem Stück Karton.

Halskrause und Weichheit
Marie Vignon, diese wunderbar geschmückte Dame, beäugt mit kokettem Lächeln die Köstlichkeiten. Die dunklen, kräftigen Rot- und Grüntöne auf dem Rahmen sind denen im Porträt sehr ähnlich, die graphische Raffinesse der napoleonischen Kaffeetassen spiegelt die feinen Details der Halskrause und des Mieders wider.

Ausgeschnittene Zierde
Fotokopierte Stiche wirken alt, wenn man sie in Tee taucht oder mit Wasserfarben bemalt. Aus alten Samensäckchen ausgeschnittene Gemüsebilder machen sich gut als Umrahmung für eine Urkunde. Mit dieser Methode läßt sich der Rahmen wunderbar an das Bild anpassen.

M · La ·
Connestable. des diguires

Den Rahmen verzieren

Die Arbeit mit ausgeschnittenen Motiven ist sehr einfach. Sie wissen vorher, wie Ihr Werk aussieht, und bringen mit geringem Aufwand etwas Raffiniertes hervor.

1 *Wickeln Sie einen Klotz in Schleifpapier ein, und schleifen Sie damit die Rahmenoberfläche ab, um rauhe Stellen zu beseitigen und die Holzoberfläche aufzubereiten. Vermischen Sie rote Acrylemulsionsfarbe mit Wasser, bis sie die Konsistenz von Sahne hat; damit die Vorderseite des Rahmens bestreichen.*

2 *Nach dem Trocknen streichen Sie mit einer Kerze über die gesamte Rahmenoberfläche, um eine Wachsschicht aufzutragen. Überschüssige Wachsflocken abwischen.*

3 *Vermischen Sie grüne Acrylemulsionsfarbe mit Wasser, bis sie die Konsistenz von Sahne hat. Damit die Vorderseite des Rahmens bestreichen und trocknen lassen. Den ganzen Rahmen in kreisenden Bewegungen mit Stahlwolle einreiben (siehe kleines Bild). Dadurch wird ein Teil der grünen Farbe entfernt und die rote sichtbar.*

4 *Wählen Sie Ziermotive aus Papier. Sie können sie mit einem Farbkopierer auf die gewünschte Größe bringen oder direkt ausschneiden. Zuvor die Abbildungen mit verdünntem PVA-Leim bestreichen und trocknen lassen. Schneiden Sie die Motive entlang gerader Kanten mit einem Skalpell und bei engen Kurven mit einer kleinen Nagelschere aus. Verwenden Sie eine Unterlage.*

5 *Arrangieren Sie die Motive nach Belieben auf dem Rahmen. Bestreichen Sie die Rückseite der Motive mit verdünntem PVA-Leim, und kleben Sie sie an die gewünschte Stelle. Mit einem zerknüllten Stück Küchenkrepp darüberreiben, um Luftbläschen und überschüssigen Klebstoff zu entfernen. Achten Sie darauf, daß alle Kanten fest verklebt sind, und lassen Sie sie trocknen.*

6 *Um den Rahmen alt aussehen zu lassen, bestreichen Sie ihn mit Krakelee auf Wasserbasis (Krakelee ist in zwei Lösungen erhältlich, beachten Sie die Gebrauchsanweisung). Nach dem Trocknen eine zweite Schicht hinzufügen (für feine Risse) und trocknen lassen. Die zweite Lösung auftragen. Nach dem Trocknen bilden sich auf der Oberfläche langsam farblose Risse.*

7 *Reiben Sie mit einem weichen Tuch reichlich umbrabraune Künstlerölfarbe in die Risse auf der Rahmenoberfläche. Überschüssige Farbe mit dem Tuch entfernen und den Rahmen polieren. Die dunkle Farbe bleibt in den Rissen hängen und läßt den Rahmen alt aussehen.*

Treibholz und Muscheln

MATERIALIEN
Treibholz
Tau
Holzlatte, 2 x 4 cm dick
PVA-Leim
Nägel (bei Bedarf)
Glas
Karton
Spanplatte als Rücken
4 Rahmenhalterungen und Schrauben
2 Schrauben, 12 mm lang
Muscheln
Seetang

WERKZEUGE
Lineal
Säge
Zwinge
Schraubenzieher
Stanley-Messer
Feuerzeug

STRANDGUT SAMMELN ist eine der schönsten Beschäftigungen im Leben; nichts ist so erholsam, wie am Strand zu spazieren, Muscheln und Treibgut einzusammeln und den Wellen zuzuhören. Der Charme dieser Treibholzrahmen kommt von ihrer zerklüfteten, nautischen Struktur, vom angenehm ländlichen Charakter und den sanften Farben, die jedem Bild schmeicheln, einem stimmungsvollen Sepia-Foto ebenso wie einem feinen Aquarell.

Treibholzrahmen eignen sich perfekt für Wochenendhäuser auf dem Land und bringen Stadtbewohnern einen angenehmen Hauch von Weite. Wegen ihrer unaufdringlichen Erscheinung passen sie zu natürlichen Farben und Materialien, machen sich aber auch in modern eingerichteten Heimen gut.

Für den Künstler liegt der Reiz des Treibholzes in seiner Unverwechselbarkeit. Kein Stück ist wie das andere. Der Entwurf muß sich nach dem Material richten, ein Vorgang, bei dem man sich genauso konzentrieren muß, wie beim Zusammensetzen eines Puzzles. Dadurch wird jeder Treibholzrahmen einzigartig.

Schmeichelndes Treibgut
Je mehr Stücke Treibholz Sie zur Auswahl haben, desto besser. Glatte, abgerundete Teile, vielleicht mit Farbresten, wirken fein, kleine, zackige, verästelte Stücke eher rustikal. Man kann beide Arten kombinieren und den Rahmen (nach Belieben) mit Muscheln, Steinen oder getrocknetem Seetang verzieren. Als Krönung können Sie eine kleine Segelflotte auf das darunterliegende Regal stellen.

Küsten
Der Winter mit beißendem Ostwind unmittelbar nach einem starken Sturm ist die beste Zeit, am Strand nach Meeresschätzen zu suchen. Der Rahmen wird so zu einem Souvenir, zusammen mit dem stimmungsvollen Aquarell.

Den Rahmen herstellen und verzieren

Die Kostbarkeiten aus der Schatzkiste des Meeres zusammenzusetzen macht Spaß und ergibt ein perfektes Andenken an die sommerliche Idylle.

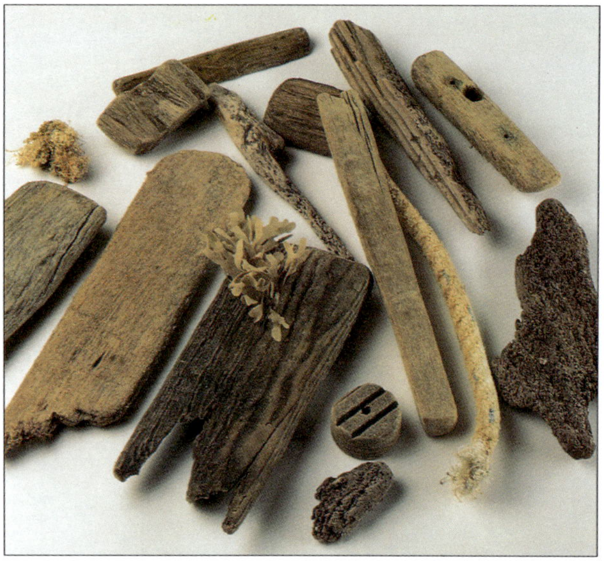

1 *Sammeln Sie Treibholz und ein Stück Tau am Strand. Wählen Sie Stücke in passender Größe. Lassen Sie das Holz an einem warmen Ort, etwa einem durchlüfteten Schrank oder einem sonnigen Fenstersims, trocknen. Bei feuchtem Holz kann das ein paar Tage dauern.*

2 *Zersägen Sie die Holzlatte in vier Teile, zwei mit 20 cm und zwei mit 25 cm Länge. Mit PVA-Leim zu einem Rahmen zusammenkleben und mindestens vier Stunden in einer Zwinge (siehe S. 9) trocknen lassen. Sie können die Ecken auch nach Wunsch mit Nägeln zusätzlich sichern.*

3 *Kleben Sie Treibholzstücke mit PVA-Leim vorne, seitlich, oben und unten auf den Rahmen. Wählen Sie interessante Stücke, lassen Sie sie an den Ecken des Rahmens überlappen. Machen Sie sich keine Sorgen, wenn Lücken zwischen den Teilen bleiben. Diese können später mit Muscheln und Tang aufgefüllt werden.*

4 *Drehen Sie den Rahmen um und kleben Sie von hinten nach vorne ein paar dünnere Stücke Treibholz auf die Innenseite des Rahmens; bedecken Sie aber nur die halbe Lattenbreite. Diese dünnen Streifen stützen dann Bild und Rücken ab und fixieren sie. Etwa 24 Stunden lang trocknen lassen.*

5 *Legen Sie die Vorderseite des Rahmens nach unten, und fügen Sie vorsichtig Glas, Karton und Bild der richtigen Größe ein. Prüfen Sie von vorne, ob sich das Bild auch in der Mitte befindet. Fixieren Sie den Spanplattenrücken auf dem Bild mit Rahmenhalterungen (siehe Bild 6).*

6 *Schneiden Sie mit dem Stanley-Messer ein etwa 20 cm langes Stück Tau zu, an dem der Rahmen aufgehängt wird. Versengen Sie die Enden mit einem Feuerzeug, damit sich das Seil nicht auflöst. Dann schrauben Sie es in der Mitte auf die Rückseite des Rahmens.*

7 *Drehen Sie den Rahmen um, und füllen Sie etwaige Lücken in der Treibholzverzierung mit Muscheln und Seetang auf. Trocknen lassen.*

Sterne und Herzen

MATERIALIEN
Papier
Holzrahmen
Acetatfolie
schwarze, grüne und rote Acrylemulsionsfarbe
Goldpulver
PVA-Leim
Acryllack auf Wasserbasis

WERKZEUGE
Bleistift
Lineal
wasserfester Filzstift
Skalpell
Pinsel
Schwamm
Locher
kleines Gefäß
Lackpinsel

SCHABLONEN KÖNNEN alle Formen annehmen; zu Zeiten der Blumenkinder, als das Wort „natürlich" für alles Gute in der Welt stand, sprossen auf den Wänden mit Schablonen gezeichnete Rosen, umrankte hängendes Geißblatt die Mülleimer, quollen Trauben auf harmlosen Aktenschränken und zierten Winden die Toilette.

Die einfache, bequeme Methode der Musterwiederholung ist heute sehr beliebt; ihre Tradition geht bis ins Großbritannien und Nordamerika des 18. Jahrhunderts zurück. Schablonen sind ein zeitgemäßer Ausdruck für Dekor, sie wirken sowohl zufällig als auch genau. Sie eignen sich für feine Farbübergänge und weiche, unregelmäßige Maltechniken. Stark kontrastierende Farben besitzen einen naiven Reiz, wogegen Tupfenmuster gut zu blassen Wandteppichen passen. Es ist kinderleicht, die Motive Ihrer Lieblingsstoffe zusammenzufügen. Ethnische Stoffe können in Farbe und Muster kopiert werden und so einander positiv ergänzen. Das Geheimnis liegt in der Verwendung gebrochener Farben. Flache Farben auf einem schlichten Hintergrund sehen zu streng aus.

Patchwork-Oma
Die zarten Farben und geometrischen Muster von amischen Quilts lassen sich gut auf Schablonen übertragen und ergeben ein schönes Muster, das einen lieben Vorfahren umrahmt, der den Quilt vielleicht noch selber benutzt hat. Die Amischen verwendeten besonders gerne ein etwas verblaßtes Schwarz als Grundlage für lebendige Farben. Hier haben wir den Hintergrund in einem erdgrauen Ton bemalt, tiefschwarz wäre zu extrem.

Drei einfache Stücke
Eine Schwierigkeit beim Wiederholen des Musters besteht in seiner Anordnung in den Ecken. Ein quadratischer Rahmen erleichtert die Sache. Sonst beginnen Sie am besten an den Ecken und verwenden ein einzelnes, zentrales Motiv, um Lücken zu füllen.

Den Rahmen verzieren

Winzige Formen auszuschneiden ist nicht einfach. Für ein kleines Punktmotiv durchsuchen Sie Ihr Büro am besten nach einem Locher. Sie können mit einem Skalpell kleine Dreiecke und Quadrate ausschneiden.

1 *Lassen Sie sich von Mustern in Büchern und Zeitschriften inspirieren, und zeichnen Sie einen Entwurf für Ihren Rahmen. Dieses symmetrische Design besteht aus Dreiecken und Ellipsen.*

2 *Zeichnen Sie den Entwurf mit wasserfestem Filzstift auf Acetatfolie. Achten Sie auf genug „Brücken" oder Acetatstreifen zwischen den Formen. Schneiden Sie diese vorsichtig mit einem Skalpell aus.*

3 *Bemalen Sie den Rahmen, auch die inneren und äußeren Kanten, mit einer Schicht schwarzer Acrylemulsionsfarbe. Trocknen lassen.*

4 *Fixieren Sie die Acetatschablone auf dem Rahmen. Einen Schwamm in grüne Acrylemulsionsfarbe tauchen, überschüssige Farbe abstreifen und jedes zweite Dreieck und die seitlichen Ellipsen betupfen. Auf andere Stellen gelangte Farbe kann später entfernt werden.*

5 *Schneiden Sie eine weitere Schablone für die roten Dreiecke zu, und legen Sie sie auf den Rahmen. Tupfen Sie rote Acrylemulsionsfarbe über die restlichen Dreiecke und Ellipsen. Nach dem Trocknen etwaige Farbkleckse mit schwarzer Farbe abdecken. Trocknen lassen.*

6 *Fertigen Sie nun eine Schablone mit einer Reihe Punkten an. Das geht am einfachsten mit einem Locher, so ersparen Sie sich mühsame Schneidearbeit mit dem Skalpell.*

7 *Vermischen Sie in einer kleinen Schüssel etwas Goldpulver mit PVA-Leim. Legen Sie die Punktschablone auf den inneren Rahmenrand, und betupfen Sie sie leicht mit dem Goldpulver. Auf der Außenkante wiederholen und trocknen lassen.*

8 *Fertigen Sie Schablonen mit Sternen und Herzen für die ovalen Formen an. Auf den Rahmen legen und nacheinander mit Gold betupfen. Nach dem Trocknen mit einer Schicht Lack überziehen.*

Farbiges Holz

MATERIALIEN
Holzstück, 5 x 2,3 cm dick
PVA-Leim
Holzspachtelmasse (bei Bedarf)
Bienenwachs-Möbelpolitur oder Vaseline
Acrylfarben
Spiegel, 44 cm im Quadrat
Karton, 44 cm im Quadrat
4 Spiegelhalterungen
Klebeband
2 Spiegelhalterungen
Schrauben

WERKZEUGE
Lineal
Säge
Haushaltspinsel
rauhes Schleifpapier
Schraubenzieher

Zu Zeiten Königin Victorias hatte man ein sonderbares Faible für gemasertes Holz. Es scheint unverständlich, daß man Holzmusterung imitiert, während einfach die ursprüngliche Struktur des Holzes mit all seinen Astlöchern und Unregelmäßigkeiten nutzbar ist. Bei diesem Rahmen betonen wir die natürliche Musterung mit transparenten blaugrünen Farbüberzügen, die Äste wurden mit Bienenwachs hervorgehoben. Einfachere Materialien als diese vier Holzstücke wären noch herausfordernder, aber das Ergebnis zeigt eine stille Raffinesse, die für sich selbst spricht.

Benutzen Sie möglichst unterschiedlich verdünnte Farben auf Wasserbasis in wild kontrastierenden Tönen, oder setzen Sie weitere Akzente mit einem Hintergrund aus Beize, Farbüberzug oder sogar Tusche. Bei einer so einfachen Technik und leicht erhältlichen Materialien können Sie alles ausprobieren, was Ihnen einfällt.

Die natürliche Struktur und die Eigenschaften des Holzes werden durch Spiegelglas mit Silberbelag zusätzlich betont. Es ist in verschiedenen Ausführungen im Handel erhältlich, die Mutigen können dieses auch selbst anfertigen.

Romantische Spiegelung
Der unregelmäßige Spiegel mit Silberbelag in diesem Rahmen gibt ein wunderbares, leicht verschwommenes Bild wider und besitzt eine bezaubernde Musterung, die normales Spiegelglas ziemlich fade aussehen läßt. Lilien und angelaufene Silberkerzenständer betonen die Eleganz dieses einfachen Rahmens.

Gedämpfte Zinnfarben
Weiche und unauffällige Farben eignen sich wunderbar dazu, Rahmen alt wirken zu lassen. Selbstverständlich können Sie Ihren Spiegel horizontal oder vertikal aufhängen, je nachdem, wieviel Platz Sie haben.

Den Rahmen herstellen und verzieren

Der leicht herzustellende Rahmen bringt die natürliche Musterung einfacher Kieferlatten voll zur Geltung.

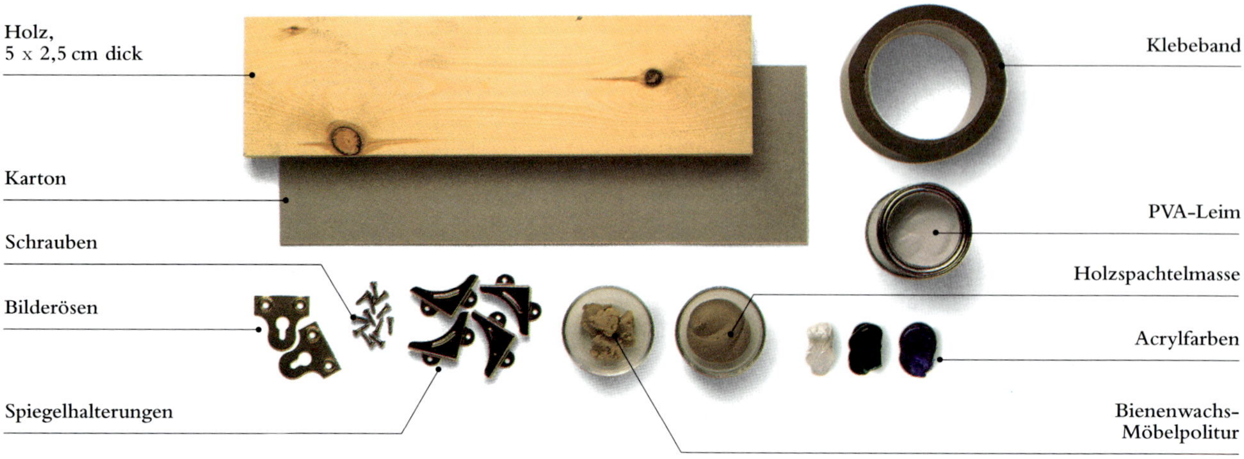

1 *Schneiden Sie die Holzlatte in vier Teile, zwei in der Länge von 42,5 cm und zwei von 35 cm. Kleben Sie die vier Teile mit PVA-Leim zu einem Rahmen zusammen, oben mit Gewichten beschweren und über Nacht trocknen lassen.*

2 *Füllen Sie, falls nötig, die Verbindungen mit Holzspachtelmasse aus. Schleifen Sie den Rahmen gründlich mit rauhem Schleifpapier ab, um die Kanten zu glätten und Unebenheiten zu entfernen. Mit den Fingern ein wenig Bienenwachs-Möbelpolitur oder Vaseline auf den Astlöchern verteilen. Über Nacht trocknen lassen.*

3 *Bestreichen Sie die Vorderseite mit einer Schicht blaugrüner Acrylfarbe, im Verhältnis 1:3 mit Wasser verdünnt. Wo Wachs aufgetragen wurde, wird die Farbe abgestoßen. Trocknen lassen, dann den Rahmen umdrehen und entlang der inneren Kante einen 12 mm breiten blaugrünen Streifen aufmalen (siehe kleines Bild). Dadurch wird die blasse Holzfarbe vom Spiegel nicht reflektiert.*

4 *Sobald die erste Farbschicht trocken ist, tragen Sie mit raschen, unregelmäßigen Bewegungen eine Schicht helleres Blaugrün zusammen mit ein paar Strichen Weiß auf. Trocknen lassen.*

5 *Reiben Sie den gesamten Rahmen mit Schleifpapier ab, um einige der Farbschichten herauszuarbeiten und einen abgenutzten Effekt zu erzielen. Die Astlöcher besonders stark abschleifen, um sie zu betonen.*

6 *Um den abgenutzten Effekt abzuschwächen, tragen Sie eine Schicht der originalen blaugrünen Farbe, diesmal im Verhältnis 1 : 4 mit Wasser verdünnt, auf.*

7 *Sobald die Farbe völlig trocken ist, drehen Sie den Rahmen um und legen den Spiegel über die Öffnung in der Mitte. Legen Sie den Karton auf den Spiegel, und fixieren Sie beide an jeder Ecke mit einer Halterung. Kleben Sie die Kartonränder mit Klebeband fest. Schrauben Sie schließlich noch eine Bilderöse an jede Seite, etwa 19 cm vom oberen Rand entfernt.*

Silber und Juwelen

MATERIALIEN
fester Karton
doppelseitiges Klebeband
Bild
Acetatfolie
Alufolie
Glasstücke mit flacher Rückseite
Glasperlen
Schnur
Sekundenkleber

WERKZEUGE
Bleistift
Metallineal
Skalpell
Kugelschreiber
Schere
Ahle

DIESEN WITZIGEN, EIGENWILLIGEN Rahmen herzustellen, ist genau die richtige Beschäftigung für unruhige Kinder an einem verregneten Nachmittag. Ein Erwachsener sollte aber dabei sein, um Skalpell, Sekundenkleber und Ahle handzuhaben. Die Materialien sind billig und leicht erhältlich, und bei dieser Technik kann man sowohl mit verwackeltem Kindergekritzel als auch mit heiklen, perfekt gezeichneten keltischen Schriftzeichen arbeiten.

Dieser Rahmen ist gerade groß genug für ein Valentinsherz. Die großen Milchglasperlen und leuchtenden Kreise aus geschmolzenem Glas verleihen dem Rahmen Farbe und einen Hauch Raffinesse. Mit derselben Methode können Sie auch größere Rahmen oder Rahmen in Herz-, Diamant- oder Kreisform herstellen. Wenn Ihr „Fenster“ nicht rechteckig oder quadratisch ist, benötigen Sie ein zusätzliches Stück Folie, um den Karton abzudecken, der sonst sichtbar ist.

Folie total
Dieser kleine Bilderrahmen ist alles andere als protzig. Er wird einfach und schnell zusammengesetzt und ist eine fröhliche Anlehnung an die gestanzten und geprägten Zinnarbeiten Zentralamerikas. Er paßt gut zu kräftigen Farben und folkloristischen Stoffen.

Offene Herzen
Diese beiden etwas anspruchsvolleren Rahmen wurden mit schwererer Aluminiumfolie hergestellt, die nicht so leicht erhältlich und zu bearbeiten, dafür aber stabiler ist. Der Herzanhänger ist aus Karton und wurde mit Folie umwickelt.

cettes publicitaires de la Coupe
Le Graët a annoncé

Den Rahmen herstellen und verzieren

Die Herstellung dieser perfekten Umrahmung für kostbare Andenken geht schnell und macht Spaß.

1 *Zeichnen Sie zwei Quadrate auf ein Stück Karton, und schneiden Sie sie mit Metallineal und Skalpell aus. Bei einem ein kleines Quadrat in der Mitte entfernen, um die Rahmenöffnung freizumachen. Dieses Quadrat bildet die Vorderseite des Rahmens.*

2 *Fixieren Sie mit doppelseitigem Klebeband ein Bild in der Mitte des unteren Quadrates. Dann kleben Sie ein Stück Acetatfolie, das auf allen Seiten um 12 mm kleiner ist als das Kartonquadrat, über das Bild.*

3 *Schneiden Sie ein 10 cm größeres Quadrat als das Kartonstück aus Alufolie zu. Zeichnen Sie mit einem Kugelschreiber innerhalb der Rahmenmaße Formen auf die Folie, so daß auf der Rückseite ein Relief entsteht. Die mittlere Öffnung ausschneiden, an allen Seiten aber einen Rand von 3 mm lassen. Machen Sie einen diagonalen Schnitt in jede Ecke (siehe kleines Bild).*

4 *Kleben Sie den oberen Rahmenteil mit doppelseitigem Klebeband so auf die Folie, daß die Öffnungen genau zusammenpassen. Falten Sie die Innenränder der Folie in die Öffnung im oberen Kartonstück.*

5 *Befestigen Sie das untere Kartonstück mit dem Bild nach unten auf dem oberen Stück. Kleben Sie dazu doppelseitiges Klebeband stückchenweise auf die Folienkanten, und biegen Sie die äußeren Kanten über den Kartonrahmen, um ihn zu fixieren. Die Ecken sauber zurückfalten.*

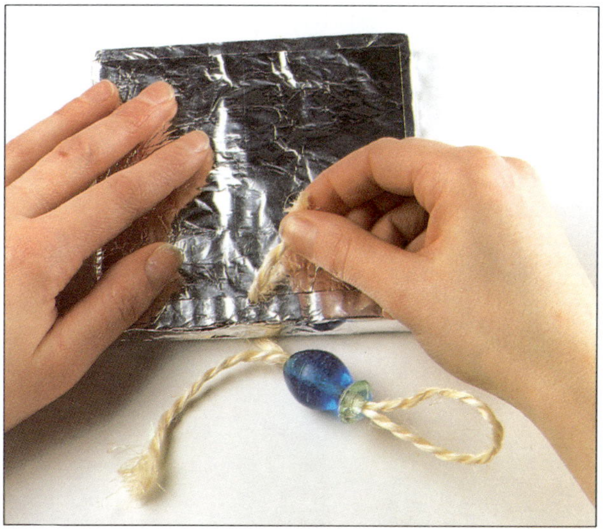

6 *Drehen Sie den Rahmen in die richtige Position, und bohren Sie mit einer Ahle vorsichtig von vorne nach hinten ein Loch durch den oberen Rahmenteil. Aus Schnur und zwei Glasperlen eine Aufhängung fertigen und von vorne nach hinten durch das Loch ziehen. Beide Enden verknoten und mit Sekundenkleber fixieren.*

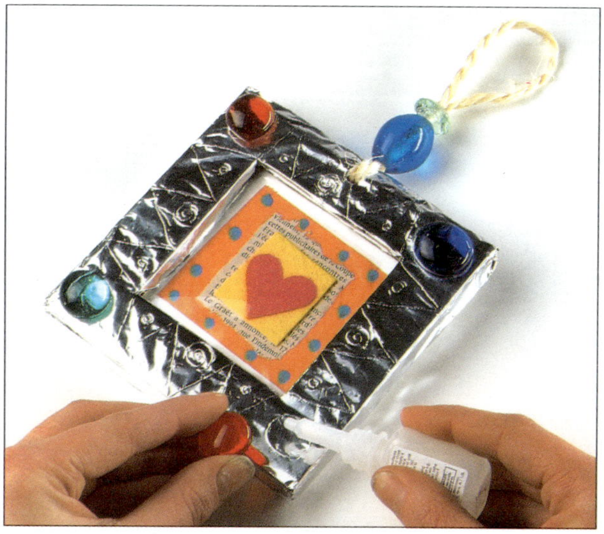

7 *Zum Abschluß kleben Sie mit Sekundenkleber bunte Glasstücke in die Ecken, und lassen Sie den Rahmen trocknen.*

Ein Hauch von Gold

MATERIALIEN
Holzleisten
PVA-Leim
Holzspachtelmasse
schwarze Holzbeize
Aufziehkarton
Goldfarbe auf Ölbasis
weiße Acrylfarbe
Karton
Stützkarton
Nägel
Klebeband
2 Ösen und Schnur

WERKZEUGE
Gehrungsschneidelade
Zapfenschneidsäge
Zwinge
Schleifpapier
Haushaltspinsel
Skalpell
Bleistift
Künstlerpinsel
Stupfpinsel
Stahlwolle
Tuch

DIESER ELEGANT SCHLICHTE RAHMEN ist der perfekte Einstieg in die Rahmengestaltung. Nach dieser Vorlage können Sie ihn prächtig und folkloristisch gestalten. Wenn Sie schon immer von all den verschiedenen Lacken und Rundleisten im Laden fasziniert waren, so können Sie jetzt mit diesen Schätzen experimentieren. Alles, was Sie dazu brauchen, ist ein Topf Klebstoff und ein paar kurze Holzstücke zum Ausprobieren, und schon kann das Experiment mit verschiedenen Rahmen und Beizen beginnen. Genauigkeit beim Schneiden und Gehren des Holzes ist unabdingbar. Wenn Sie mit speziellen Werkzeugen zur Rahmenherstellung arbeiten, werden Sie weniger Holzspachtelmasse benötigen, und Ihr Rahmen wird von professioneller Glattheit sein.

Experimentieren Sie mit Kombinationen verschiedener Holztünchen und Acryllacke, und schaffen Sie jenen feinen Farbschleier, der am besten zu Dekor und Bild, das gerahmt werden soll, paßt. Hier schimmern die feinen Streifen und Wellenlinien des Holzes durch die Farbe und verleihen der Oberfläche einen besonderen Reiz, der gefällt, ohne aufdringlich zu sein.

Klassik und Kerzenlicht
Das warme, flackernde Licht der Kerzen ist ideal, um die goldenen Medaillons und Tupfen auf diesem schlichten Rahmen zur Geltung zu bringen und die lebhafte Struktur des Holzes zu betonen.

Variationen eines Holzthemas
Dieselbe Herstellungstechnik kann, mit leichten Variationen, auf verschiedene Farben und Proportionen angewendet werden und so eine dekorative Gruppe bilden.

Den Rahmen herstellen und verzieren

Dieser schlichte, dunkel glänzende Rahmen mit seinen geheimnisvoll leuchtenden Tupfen und Flecken läßt sich in verschiedenen Formen und Farben ausführen.

1 *Stellen Sie aus Leisten einen Grundrahmen her (siehe S. 8–9). Indem Sie aus verschiedenen Leisten einen weiteren äußeren und einen schmaleren inneren Rahmen ankleben, erhalten Sie einen dreischichtigen Rahmen. Über Nacht in einer Zwinge trocknen lassen (siehe S. 9).*

2 *Füllen Sie etwaige Löcher in den Verbindungen mit Holzspachtelmasse aus, und reiben Sie den Rahmen mit Schleifpapier ab, um rauhe Kanten und Unebenheiten zu beseitigen. Bestreichen Sie ihn in großzügigen, raschen Bewegungen mit einer Schicht schwarzer Holzbeize.*

3 *Schneiden Sie mit einem Skalpell einen Kreis aus einem Stück Aufziehkarton aus. Der Kreis sollte auf den Rahmen passen. Mittels dieser Schablone mit Bleistift Kreise auf den Rahmen zeichnen, den Stift dabei fest aufdrücken, um im Holz Rillen zu hinterlassen.*

4 *Nehmen Sie einen Künstlerpinsel, und malen Sie die Kreise vorsichtig mit Goldfarbe aus. Die Farbe wird sich in den Rillen sammeln und so das Muster verstärken.*

5 *Tauchen Sie einen Stupfpinsel oder einen Schwamm in Goldfarbe, streifen Sie überschüssige Farbe auf einem Stück Karton ab, und betupfen Sie damit den Rahmen; es entsteht ein zufälliges, gebrochenes Muster. Trocknen lassen.*

6 *Um das Schwarz und das Gold etwas zu dämpfen, bestreichen Sie die Vorderseite mit einer Schicht weißer Acrylfarbe. Trocknen lassen.*

7 *Mit Stahlwolle bringen Sie die Farbe wieder hervor. Mit einem weichen Tuch polieren. Aufziehkarton, Bild und Bildrücken auf die Hinterseite des Rahmens legen und mit Nägeln und Klebeband fixieren (siehe S. 9). Öse und Schnur hinten befestigen (siehe S. 9).*

Glitzernde Spuren

MATERIALIEN
MDF-Platte, 6 mm dick, als Grund
MDF-Platte, 16 mm dick für die Seiten
PVA-Leim
Spiegel
Wasser
Silberplättchen
Glasstückchen
Fugenkitt
Bilderösen und Schrauben

WERKZEUGE
Lineal
Zapfenschneidesäge
Haushaltspinsel
Zwinge
Filzstift
Skalpell
Sicherheitsbrille
Mosaikzange
Gummihandschuhe
Gummiwischer
Tuch
Schale
Schraubenzieher

MOSAIK BLEIBT SOLANGE EIN MYSTERIUM, bis Sie realisieren, daß die Steinchen, Spiegel- oder Keramikstücke zuerst festgeklebt und dann Füllstoff aufgetragen wurde. Diese moderne Erfindung ist einfacher als die herkömmliche direkte Methode (bei der die Steinchen direkt in den Mörtel gesteckt werden) oder die indirekte (bei der sie mit der Oberseite nach unten auf festes Papier geklebt und dann abschnittweise in den Mörtel gelegt werden).

Sobald Sie die Grundtechnik des Mosaiks begriffen haben, können Sie das römische Repertoire an geometrischen Rändern oder auffallenden Mustern auf Ihre eigenen Rahmen übertragen. Die Römer scheuten sich nicht, verschiedenste Materialien zu kombinieren. Geschliffene Glassteine, Amethyst und Perlmuttscheiben ergeben zusammen mit farbigen und goldenen Quadraten ein fröhliches Bild. Wollen Sie sich von zeitgenössischen Künstlern inspirieren lassen, fahren Sie nach Barcelona und studieren Sie die unglaublichen Arbeiten von Antoni Gaudí. Jetzt haben Sie endlich Verwendung für das schöne Porzellan, das beim Abwasch kaputt geht.

Schneckentempo
Wenn Sie in der Früh nicht gleich voller Energie sind, läßt Sie der Anblick einer dahinkriechenden Schnecke, die eine silbrig-glitzernde Spur hinterläßt, die Morgenwaschungen vielleicht leichter ertragen. Ein reiches Spektrum an Grüntönen bildet den idealen Hintergrund. Je mehr Töne Sie von einer Farbe zusammentragen können, desto lebhafter wirkt Ihr Mosaik.

Bauchfüßler entkommen
Mit der beharrlichen Zähigkeit, die Schnecken eigen ist, hat dieses Exemplar seinen Rahmen verlassen und sich auf offenes Gelände begeben. Diese Schnecke wurde mit Raku-Technik von Hand auf eine Fliese gemalt.

Den Rahmen herstellen und verzieren

Mit dieser Methode läßt sich schnell ein Rahmen verzieren. Mit etwas mehr Selbstvertrauen möchten Sie vielleicht auch mit Murmeln, Muscheln, Glassteinen oder zerbrochenem Porzellan experimentieren.

1 *Schneiden Sie mit einer Zapfenschneidesäge aus einer mitteldichten Faserplatte (MDF) einen rechteckigen Untergrund und vier passende Randstücke zu. Mit PVA-Leim zwei Seitenteile im rechten Winkel auf dem Untergrund fixieren, den Spiegel aufkleben und die beiden fehlenden Seitenteile anbringen. In einer Zwinge über Nacht trocknen lassen.*

2 *Versiegeln Sie den Rahmen mit einer Mischung aus 1 Teil PVA und 1 Teil Wasser. Trocknen lassen. Mit Filzstift ein farbkontrastreiches Muster auf den Rand zeichnen. Ritzen Sie den Rahmen mit einem Skalpell oder einem scharfen Messer ein (siehe kleines Bild), um die Oberfläche griffiger zu machen. So bleibt das Mosaik besser haften.*

3 *Teilen Sie die Silberplättchen mit einer Mosaikzange in kleine Teile. Diese bilden die Schneckenspur. Tragen Sie hierbei eine Sicherheitsbrille, da kleine Stückchen absplittern und ins Auge gelangen können.*

4 *Tragen Sie PVA-Leim entlang der markierten Schneckenspur auf. Setzen Sie darauf die Plättchen, und schieben Sie sie eng aneinander. Schneiden Sie mit der Mosaikzange Stückchen in der benötigten Größe zu.*

5 *Fertigen Sie aus gelben, orangefarbenen und braunen Mosaiksteinchen die Schnecke. Beginnen Sie dabei in der Mitte des Schneckenhauses, und arbeiten Sie spiralenförmig weiter. Schließen Sie mit Kopf und Fühlern ab.*

6 *Bestreichen Sie die Innenkante des Rahmens mit PVA-Leim, und kleben Sie grüne Mosaiksteinchen über den Rand hervorstehend an. Sie bilden für noch aufzuklebende Teilchen einen Halt und ergeben eine schöne Kante.*

7 *Verfahren Sie an der äußeren Kante gleich. Dann bekleben Sie der Schneckenspur entlang in wellenförmiger Bewegung den ganzen Rahmen mit grünen Steinchen. Schneiden Sie dafür mit der Zange die passenden Teile zu.*

8 *Lassen Sie das fertige Mosaik einen Tag völlig trocknen. Rühren Sie den Fugenkitt bis zu einer schlammigen Konsistenz, oder arbeiten Sie mit fertigem Kitt. Verteilen Sie den Kitt mit einem Gummiwischer großzügig über den Rahmen. Den Kitt mit einem feucht-kalten Tuch von den Steinchen abwischen (siehe kleines Bild). In den Zwischenräumen bleibt er haften. Trocknen lassen und Bilderösen auf der Rückseite anbringen (siehe S. 9).*

Rustikaler Hühnerrahmen

MATERIALIEN
Pauspapier
Treibholz, 25 mm dick
Sperrholz, 9 mm dick
Holzklebstoff
kleine Nägel
Ölfarben
Terpentin
Kupfer
Nägel
dünner Draht
Spiegel
Karton
2 Bilderösen und Schrauben

WERKZEUG
Bleistift
Laubsäge
Hammer
Haushaltspinsel
Künstlerpinsel
Blechschneider
Stichsäge
Zange
Schraubenzieher

Weshalb müssen Rahmen immer seriös aussehen? Dieses Hennenpaar vermittelt einen eigenwilligen Humor, der nur todernsten Menschen nicht zusagen wird. Dieser Rahmen ist so konstruiert, daß sich die verspielten Huhnkerzenständer hin- und herschieben lassen, aber dennoch so positioniert sind, daß sich das Kerzenlicht nicht im Glas spiegelt. Sie können aber auch die Schlitze im Rahmenboden verlängern, wenn Sie den Wandleuchter traditionell verwenden wollen, zur Verstärkung des Kerzenlichtes.

Trotz seiner Unbekümmertheit ist die Herstellung dieses Rahmens schwierig, denn man muß beim Zuschneiden und Zusammensetzen von Holz und Kupfer sehr genau sein. Als Belohnung erhält man jedoch einen witzigen Spiegelrahmen mit einem wettergegerbten, ländlichen Reiz, bei dem man Lust zum Jodeln bekommt. Wenn Ihnen diese gesprenkelten Hennen zu gewöhnlich sind, können Sie sich an Disney-Figuren, Comic-Charakteren oder anderen lustigen Tierfiguren versuchen. Bei einem Besuch in einem Bauernmuseum werden Sie sehen, daß Hühner mehr zu bieten haben, als nur Schnäbel und Kehllappen.

Die Geschichte zweier Hühner
Schnabel an Schnabel, mit üppigen Kehllappen dient dieses Hühnerpaar als kühner Kerzenständer auf einem witzigen Spiegelrahmen.

Metallspiegel
Wenn Sie eher High-Tech bevorzugen, setzen Sie den Gackerdialog vor einen eleganten neugriechischen Spiegel, der mit perforierten Metallsäulen verziert wird.

Den Rahmen herstellen und verzieren

Bei diesem außergewöhnlichen Spiegel-Wandleuchter, der trotz seines unbeschwerten Stils ziemlich schwierig herzustellen ist, werden verwittertes Treibholz und Sperrholzhennen verwendet. Achten Sie darauf, daß das Holz genau zugeschnitten wird, damit alle Rahmenteile gut zusammenpassen.

1 *Fotokopieren Sie die Schablonen für diesen Rahmen (siehe S. 90) auf die gewünschte Größe. Pausen Sie Schablonen A bis C auf Treibholz und die Schablonen D bis G auf Sperrholz, und schneiden Sie sie mit einer Laubsäge aus. Sie sollten insgesamt 12 Teile erhalten.*

2 *Kleben Sie mit Holzleim die beiden Seitenteile (C) in die Schlitze auf das Sims (B) sowie das Dach (A) auf die Seitenteile. Achten Sie darauf, daß alles gerade steht.*

3 *Fertigen Sie die Laufkufe für die Hennen. Befestigen Sie mit Leim und kleinen Nägeln Teil G an Teil F, so daß beide Teile ein L bilden, und dann Teil F an der Henne. Die Henne sollte 3 cm von Teil G entfernt sein. Mit der zweiten Henne gleich verfahren.*

4 *Setzen Sie die Kufe auf das Sims des Rahmens, so daß Teil G durch den Schlitz reicht. Befestigen Sie mit Leim und kleinen Nägeln Teil E oben auf Teil G und an die Seite der Henne, so daß die Kufe fixiert ist. Bei der zweiten Kufe gleich verfahren.*

5 *Bemalen Sie Sims, Seitenteile und Dach vorne und hinten mit blauer Ölfarbe, die im Verhältnis 1 : 20 mit Terpentin verdünnt wurde. Trocknen lassen. Die Hühner mit verdünnter, orangefarbener Ölfarbe bemalen und trocknen lassen.*

6 *Nehmen Sie einen Künstlerpinsel, und tupfen Sie Kleckse orangefarbener, kadmiumroter, ockergelber, zitronengelber und weißer Ölfarbe auf beide Hennen. Details, wie Augen und Schnabel, auf die Köpfe malen.*

7 *Für die Kerzenhalter übertragen Sie die fotokopierten Schablonen H und I (siehe S. 90) auf Kupfer. Mit Blechschneider und einer Stichsäge ausschneiden, an den markierten Stellen Löcher bohren. Fügen Sie die Kegelform (Teil H) in die Form I ein. Wickeln Sie dünnen Draht durch die Löcher (siehe kleines Bild).*

8 *Die Kerzenständer in die richtige Position drehen und an die Hennen nageln. Den Spiegel auf die Rückseite des Rahmens legen, den Kartonrücken, der etwas größer als der Spiegel sein sollte, darauf mit Nägel fixieren (siehe S. 9). Schließlich noch Bilderösen an der Rückseite des Spiegels befestigen (siehe S. 9).*

Feudaler Wandleuchter

MATERIALIEN
dünner Stahl
Kerze
Spiegel
Bienenmöbelwachs
Pulverschwärze

WERKZEUGE
Pauspapier
Bleistift
Blechschneider
Feile
feines nasses und trockenes Papier
Holzklotz
Hammer
Körner
Punktschweißer
Flachzange
Rundzange
Tuch
Stahlwolle

NICHT JEDER HAT einen Punktschweißer hinten im Schrank versteckt. Sollten Sie jedoch zufällig einen ergattern, können Sie bei der Reparatur von kaputtem Trödel, wie einer beschädigten Blechkiste oder einer interessanten alten Hutschachtel mit defekten Scharnieren, Wunder wirken und sich auch den einen oder anderen feudalen Rahmen basteln.

Metall schreckt viele Menschen zu Unrecht ab. Sobald Sie einmal gelernt haben, wie man sicher damit umgeht, wird Ihnen diese Arbeit genauso leicht fallen wie die mit Karton und Ihnen vielseitiger und reizvoller erscheinen. Nichts wirkt so dramatisch wie glänzendes, dunkles Metall, mit dem sich auch wunderbar experimentieren läßt. Sie können es schneiden, formen, biegen, perforieren, schwärzen, polieren oder unverändert lassen.

Wenn Sie sich nicht an Stahlblech wagen, beginnen Sie Ihre Experimente mit einem Blechschneider und ein paar Metalldosen. Verzieren Sie einen schlichten Holzrahmen mit flach angenagelten Blechstücken. Mit Sorgfalt können Sie so Abfälle in etwas sehr Dekoratives verwandeln.

Täuschend maskulin
Dieser Rahmen würde sich wunderbar im hallenden Korridor Ihres gotischen Schlosses machen, wäre er nicht so klein – er mißt nur 18 x 11 cm. Dieses winzige Stück mit seinen perfekten Formen ist der ideale Grund, einfache Metallarbeit auszuprobieren.

Sonne, Mond und Delphine
Dieser lebhafte Delphin wird bis in alle Ewigkeit die Wellen unter dem Himmelsemblem durchkreuzen. Jene, die glauben, daß ein Spiegel versteckt werden muß, können ihn mit Türen und Zacken verdecken, als Mahnung vor den Gefahren der Eitelkeit.

Den Rahmen herstellen und verzieren

Dieser gehämmerte und verschieden strukturierte, dunkle Metallrahmen mit der im Spiegel reflektierten Kerze bringt einen Hauch von Dramatik und ein wenig Schloßatmosphäre in Ihr Heim.

1 *Fotokopieren Sie die Schablonen für den Rahmen auf S. 91 auf die gewünschte Größe, und übertragen Sie sie auf ein Stück dünnen Stahl. Mit dem Blechschneider ausschneiden, die Kanten glattfeilen und dann mit feinem nassen und trockenen Papier abreiben.*

2 *Legen Sie ein Eckstück (C) auf ein Holzstück, und stanzen Sie mit einem Körner in regelmäßigen Abständen Punkte hinein. Bei den drei restlichen Eckstücken wiederholen.*

3 *Schweißen Sie die vier Seitenteile (A und B) an den Ecken zu einem Grundrahmen zusammen. Schweißen Sie danach die Eckstücke (mit den Punkten nach oben) am Rahmen fest (siehe kleines Bild).*

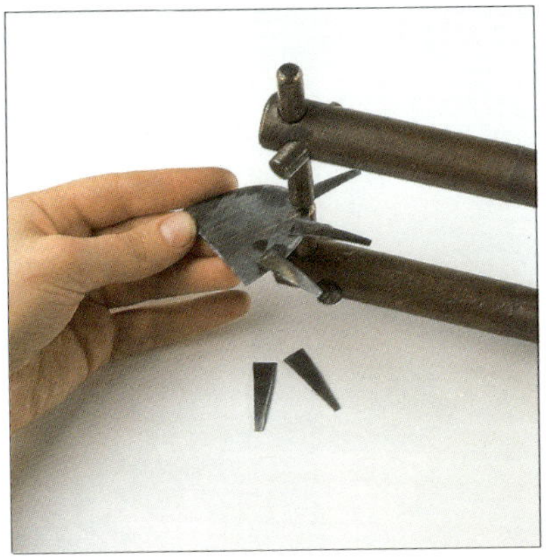

4 *Schweißen Sie die fünf Zacken (E) auf den Halbkreis (D). Achten Sie darauf, daß sie gleichmäßig verteilt sind. Diese Stücke bilden den Unterteil des Kerzenständers auf der Vorderseite des Rahmens.*

5 *Biegen Sie mit einer Flachzange den Streifen für den Kerzenhalter (F) im rechten Winkel ab. Biegen Sie ihn mit einer Rundzange um eine Kerze, um das obere Stück des Kerzenständers zu formen. Es muß zumindest ein 3 mm-Abstand zwischen Kerze und Spiegel bleiben. Mit der Rundzange die Zacken am Kerzenständer nach unten biegen. Schweißen Sie die Teile des Kerzenständers an die Rahmenbasis (siehe kleines Bild).*

6 *Biegen Sie mit der Flachzange die vier Abstützecken (G) in Form. Diese fixieren den Spiegel auf der Rückseite des Rahmens.*

7 *Legen Sie den Spiegel mit der Vorderseite nach unten auf die Rahmenrückseite. Achten Sie darauf, daß er auf jeder Seite 12 mm überlappt. Schweißen Sie die Spiegelhalterungen an die Ecken. Schweißen Sie den aus Teil H geformten Haken an die hintere obere Mitte.*

8 *Reiben Sie die Seiten des Rahmens (nicht die Ecken) mit einem weichen Tuch mit Bienenmöbelwachs ein, um den Glanz herauszubringen. Mit einem weichen Tuch polieren.*

9 *Tragen Sie mit einem weiteren weichen Tuch Pulverschwärze an den Ecken auf. Mit Stahlwolle und feinem nassen und trockenen Papier polieren, um das Nietenmuster stärker zu betonen.*

Ideen zum Ausprobieren

Holz- und Metallrahmen liefern eine Fülle an dekorativen Effekten bei der Rahmengestaltung. Wie Sie auf den folgenden Seiten sehen, können Sie dafür jede Holzart verwenden, die Oberfläche unbearbeitet lassen, sie mit Farben oder Mosaik verzieren oder Muscheln, Murmeln, Blechdosen, Kupferfolie, Schnur, Zimtstücke, Metallknöpfe und vieles mehr aufkleben. Experimentieren Sie, und freuen Sie sich daran!

▼ Winziger Pappkartonrahmen
Dieser einfach konstruierte Pappkartonrahmen mit einer Seitenlänge von 12,5 cm wird in Anlehnung an die Keramikfigur, die er umgibt, mit einer Kombination aus Bleistiften, Buntstiften, Tusche und Farben dekoriert.

▲ Holz auf Holz
Dieser Rahmen bezieht seinen Reiz aus der kontrastierenden Wirkung von Treibholz und geschliffenem Holzuntergrund. Der geschnitzte Holzsäbelschnäbler ist mit feinen Metallbeinen am Rahmen fixiert.

► Farbe und Pigment
Die Farben auf diesem Rahmen aus alten Holzstücken erinnern an ein mexikanisches Puppendorf. Nach dem Bemalen wurde goldenes Pigment aufgetragen und mit Lack versiegelt.

◄ Buchstabenrahmen
Eine Holzschachtel wird mit Acrylgesso und einer Acrylfarbschicht bemalt, die Buchstaben werden mit einem Buntstift aufgetragen.

◀ **Freude an Kitsch**
Ausgehend von einer Spanplatte als Untergrund wird dieser Spiegelrahmen zuerst mit zerknitterter Goldfolie bedeckt und mit einem kunterbunten Gemisch aus Muscheln, Knöpfen, Pailletten und Glasstücken verziert. Goldene Möbelziernieten umgeben den herzförmigen Spiegel.

▶ **Bunter Bogen**
Dieser bogenförmige Spiegelrahmen wurde mit Stücken von zerbrochenem Geschirr in Grün-, Blau- und Lilatönen verziert, die mit blaugefärbtem Mörtel befestigt wurden.

▶ **Einfach und sauber**
Dieser kleine Rahmen besteht aus Treibholz und wurde lediglich von Hand geschliffen, um diese spiegelglatte Oberfläche hervorzubringen. Er paßt sich dem minimalistischen Bild, das er umgibt, perfekt an. Seine einfachen, sauberen Linien vermitteln ein Gefühl der Ausgewogenheit.

▼ **Auf hoher See**
Ein einfaches Stück Treibholz mit abblätternder Farbe und rauhen Kanten wurde zu einem einfachen, aber wirkungsvollen Rahmen zurechtgeschnitten, der ein gesticktes Meeresbild umgibt.

► **Sonnenrad aus Draht**
Ein zierliches Sonnenrad aus sechs Drahtstrahlen wurde an einen Kreis gelötet. Als zusätzliche Zierde dienen Glasperlen, die mit einem dünneren Draht in der Mitte befestigt sind.

► **Schiefermosaik**
Dieser wuchtige Mosaikrahmen besteht aus verschiedenen Steinchen, Glasstücken, Geschirr- und Fliesenscherben sowie Schieferstücken. Die Keramikstücke wurden mit Fliesenklebstoff, der Schiefer mit Silikonklebstoff am Holzrahmen befestigt.

◀ **Fischrahmen**

Dieser Holzrahmen wurde zuerst mit Wasserfarben gefärbt, mit Sternen und Spiralen aus PVA, Folienstücken, Bonbonpapier, Zellophan und Pailletten verziert und dann mit Acryl- und Goldfarben weiter verschönert.

▶ **Valentinsspiegel**

Dieser rustikale Spiegel aus handbemalter MDF-Platte wurde mit bunten Stoffherzen und -kreisen verziert und eignet sich wunderbar als Geschenk zum Valentinstag.

▼ **Gehämmerter Metallrahmen**

Bei dieser Hommage an Altwaren wurden flachgehämmerte, mit einer Lötlampe erhitzte Dosenteile um einen Holzrahmen genagelt.

▲ **Dramatische Ausschnitte**

Dieser einfache Rahmen bezieht seine dramatische Wirkung aus den verschiedenen Farbstrukturen und den eigenwilligen, vogelähnlichen Motiven, die mittels Schablonen auf den dunklen Hintergrund aufgetragen wurden.

BRITISH
MADE

Rahmen aus Stoff und Papier

Für einen schönen Rahmen brauchen Sie nicht unbedingt Hammer und Nägel. Karton, Stoff, Papier und Kleber genügen, um Ihre Kreativität voll zum Ausdruck zu bringen. Dieser Abschnitt widmet sich dem dekorativen Potential von Papier und Stoff in der Rahmengestaltung. Papiermaché ist billig, vielseitig und eine hervorragende Basis für aufwendige Malerei oder dreidimensionale Designs. Auch mit einem Patchwork aus luxuriösen Stoffresten läßt sich ein toller Rahmen herstellen. Arbeiten Sie mit dem Farbrepertoire eines Malers und den stofflichen Träumen eines Couturiers. Guter Geschmack oder leuchtende Extravaganz – lassen Sie Ihrer Phantasie freien Lauf!

Fische und Schnörkel

MATERIALIEN
Sperrholz, 12 mm dick
Sperrholz, 6 mm dick
PVA-Leim
kleine Nägel
Papier
Wasser
matte Farbe auf Ölbasis
Silberschlagmetall
glänzender Künstleracryllack
Spiegel
Karton
Nägel
Klebeband
2 D-förmige Bildaufhänger

WERKZEUGE
Bleistift
Lineal
Laubsäge
Schleifpapier
Hammer
Schere
große Schale
Mixer
Spachtel (bei Bedarf)
Haushaltspinsel
Lackierpinsel
Schraubenzieher

PAPIERMACHÉ IST eine wunderbar einfache Methode, schlichtem Sperrholz Charakter zu verleihen und dreidimensionale Motive auf eine Fläche aufzubringen. Bei diesem Rahmen haben wir mit Fischen und Schnörkeln aus Papierbrei, der alle Formen annehmen kann, eine verspielte Meeresatmosphäre geschaffen. Sie können auch einen Spiegel mit Herz und Pfeilen für Ihre große Liebe fertigen oder astrologische Zeichen, wie Sonne, Mond und Sterne, für jemanden mit einem Hang zum Okkulten wählen. Welches Design auch immer Sie wählen, werden Sie nicht kompliziert, denn die Wirkung von handmodellierten Formen, die mit Blattsilber hervorgehoben werden, ist sehr stark und lebendig; üppige Formen kommen weniger gut zur Geltung und sind in der Herstellung unnötig aufwendig.

Dieser verspielte dreidimensionale Rahmen ist nichts für Sie, wenn Sie keine klebrigen Hände bekommen wollen. Der Papierbrei muß von Hand mit dem Kleber vermischt werden. Formen und glätten läßt er sich am besten mit feuchten Fingern. Andererseits bringt vielleicht die Kneterei im Papierbrei schöne Kindheitserinnerungen zurück, seine Herstellung ist ähnlich entspannend wie die Herstellung von Teig.

Flotte Fische
Ein kühler, schlichter Spiegelrahmen, der wunderbar in ein kühles, schlichtes Badezimmer paßt. Folgen Sie dem vielleicht banalen, aber wichtigen Rat, den Spiegelrahmen gut zu versiegeln, um ihn vor Dampf und Wasserspritzern zu schützen. Hier haben Sie das perfekte Geschenk für jemanden, der im Sternzeichen Fisch ist.

Maya-Motive
Diese einfachen, vielleicht von prähistorischen archäologischen Funden abgezeichneten Muster sind unregelmäßig und zeigen die Hand des Schöpfers. Ein wertvoller Hauch an Persönlichkeit in einer Zeit der Massenproduktion.

Den Rahmen herstellen und verzieren

Lebhaftes Türkis, verziert mit silbernen Hieroglyphen und Fischen, gibt diesem Rahmen einen Hauch mexikanischen Schwunges.

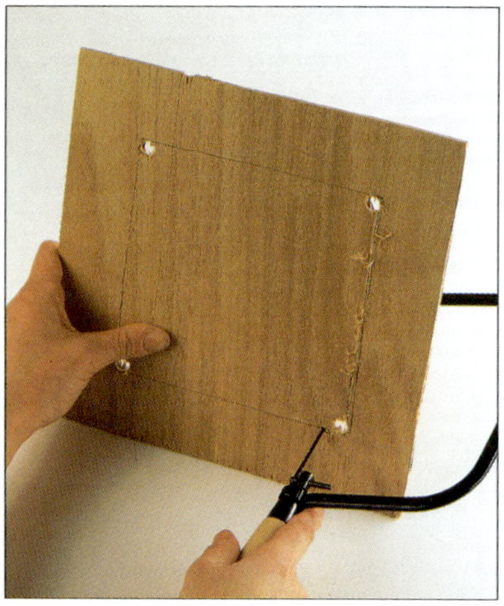

1 *Schneiden Sie mit der Laubsäge ein Quadrat aus dickem Sperrholz. In der Mitte ein Quadrat herausschneiden und die Kanten abschleifen. Aus dünnerem Sperrholz ein um 5 cm größeres Quadrat als die Mittelöffnung zuschneiden. Schneiden Sie daraus ein um 2 cm kleineres Quadrat als die Mittelöffnung heraus.*

2 *Kleben Sie mit PVA-Leim das kleinere Quadrat über die Mitte des größeren, die Innenkanten des Rahmens sollten um 1 cm überlappen. Dies dient als Stütze für den Spiegel. Fixieren Sie den Rahmen noch zusätzlich auf jeder Seite mit mindestens drei kleinen Nägeln. Trocknen lassen.*

3 *Weichen Sie Papierstreifen über Nacht in Wasser ein. Wasser und Papier 20 Minuten lang kochen, mit einem Mixer verflüssigen und ausdrücken, bis der Papierbrei trocken ist. Pro großer Schale Brei 2 Tassen PVA-Leim hinzufügen und mit den Fingern sorgfältig zu einem glatten Brei vermischen (siehe kleines Bild).*

4 *Legen Sie den Rahmen mit der Doppelseite nach oben zeigend auf, und bestreichen Sie ihn dünn mit PVA-Leim. Bedecken Sie nun die gesamte Oberfläche mit Papierbrei, mit den Händen oder einem Spachtel glattstreichen. 48 Stunden lang trocknen lassen, bis sich das Papiermaché fest anfühlt.*

5 *Bestreichen sie nun jene Flächen, die dekoriert werden sollen, mit PVA-Leim, kleben Sie Formen aus nassem Brei darauf – hier sind es Fische und Schnörkel –, und streichen Sie sie mit Ihren Fingern in der gewünschten Position glatt. Den Rahmen 48 Stunden lang völlig trocknen lassen.*

6 *Bemalen Sie den gesamten Rahmen vorne und hinten mit einer Schicht türkisblauer Farbe. Mindestens zwei Stunden trocknen lassen.*

7 *Bedecken Sie nun die Reliefs mit Silberschlagmetall. Zuerst mit PVA-Leim bestreichen, das Metall in die richtige Form schneiden, vorsichtig auf die Reliefs pressen und mit den Fingern glattstreichen. Nach dem Trocknen überziehen Sie die Silberteile mit einer Schicht glänzendem Künstleracryllack.*

8 *Auf die Rückseite des getrockneten Rahmens legen Sie einen passenden Spiegel und einen Kartonrücken, fixieren Sie diesen mit Nägeln (siehe S. 9). Haltgebendes Klebeband über die Kartonkanten kleben, um Staub und Feuchtigkeit abzuhalten. Schrauben Sie noch beidseitig zwei D-förmige Bildaufhänger auf die Rückseite.*

Folklorestickerei

MATERIALIEN
Stickwolle:
2 Stränge Naturweiß,
1 Strang Rot,
4 Stränge Blau
12-maschiges Interlock-Gitterleinen, 29 x 33 cm
dicker Karton
Abdeckband
dünner Karton

WERKZEUGE
Sticknadel
Schere
Tuch
Dampfbügeleisen
Bleistift
Skalpell
Metallineal
Wäscheklammern

STICKEN IST EIN MODERNER Zeitvertreib für die Prominenz von Bühne, Film und Fernsehen. Sein ruhiger Rhythmus entspannt gestreßte Nerven in der Erwartung des nächsten großen Erfolges.

Die genauen geometrischen Muster, die von der Struktur des Interlock-Gitterleinens vorgegeben werden, passen sich Rahmen überraschend gut an. Sie können auch mit dem Computer Muster entwerfen, wenn Ihnen das liegt, und dabei etwas Persönliches schaffen, indem Sie etwa Ihre Initialen mit einem japanischen Kimonomotiv kombinieren. Wenn das nicht geht, stöbern Sie in den Schulheften Ihrer Kinder nach kariertem Papier, und entwerfen Sie mit Buntstiften reizvolle Muster. Alte Patchworkstücke sind eine gute Ideenquelle; Streifen, Karos, umrandete Diamanten oder Würfel passen gut auf Rahmen.

Was Farben angeht, steht Ihnen alles offen. In Handarbeitsläden findet sich Stickwolle in großen Mengen und in verschiedensten Farben und Schattierungen. Wenn Sie ein Farbenfetischist sind, dann sind Sie hier in Ihrem Element.

Ländliche Nostalgie
Die Zeitgenossinnen der schicken Französin auf diesem nostalgischen Bild werden Sie heute wohl kaum mehr in der Rue de Rivoli beim Bummeln sehen. Das einfache Design dieses gestickten Rahmens weckt Erinnerungen an den in ganz Europa beliebten Kreuzstich und paßt sich dem aufwendig verzierten Gewand der Frau an.

Dreifarbige Zugabe
Dieselben Farben sehen gleich völlig anders aus, wenn man die Akzente verändert. Dasselbe Muster mit Rot als Hauptfarbe ist etwas schärfer, das aufwendige Design auf dem quadratischen Rahmen wirkt feiner.

Den Rahmen herstellen

Den meisten Menschen gelingt das Werkstück gewöhnlich eher rhombenförmig als rechteckig. Das Geheimnis liegt darin, den Gobelin in Form zu ziehen und zu dämpfen.

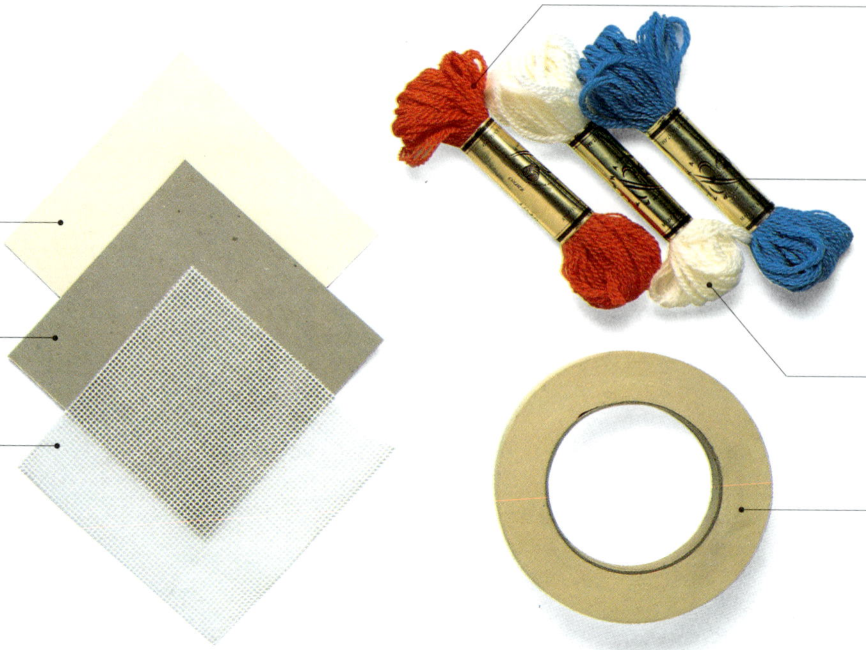

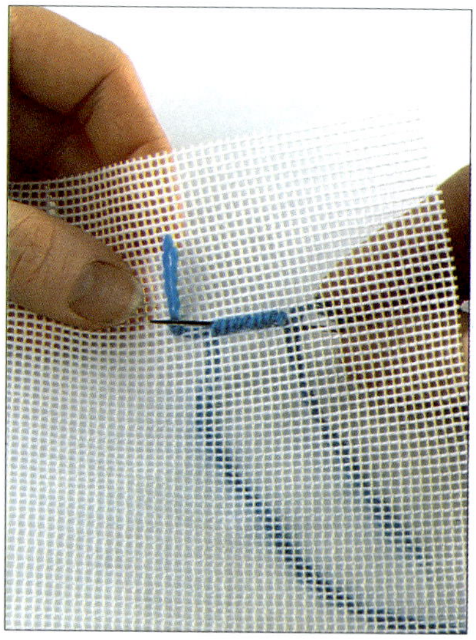

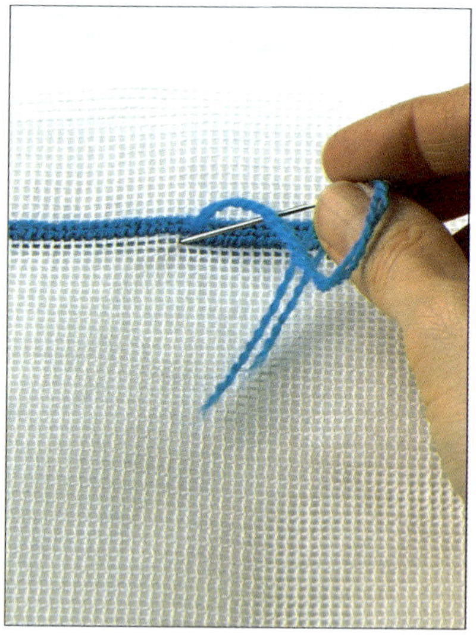

1 *Teilen Sie die Stickwolle in einzelne Stränge auf, fädeln Sie zwei davon ein, und verknoten Sie sie am Ende. Ausgehend von der rechten oberen Ecke, etwa 6 cm vom Rand, stechen Sie von oben in das Leinen ein und 2 cm weiter rechts wieder heraus.*

2 *Stechen Sie links diagonal unterhalb des Feldes, in dem sich die Nadel befindet, ein und im Feld direkt darüber wieder hinauf (Perlstich). Wiederholen, von links nach rechts arbeiten. Wenn Sie zum Knoten kommen, schneiden Sie ihn ab, der Faden wurde durch Ihre Stiche bereits gesichert.*

3 *Wenn Sie die erste Reihe beendet haben, arbeiten Sie die nächste von links nach rechts und so weiter. Die Nadel wird abwechselnd bei jeder neuen Reihe nach oben und nach unten zeigen. Arbeiten Sie gemäß dem Schema auf S. 91. Jedes Feld steht für einen Stich.*

4 Wenn Sie die Farbe wechseln, gehen Sie mit der Nadel auf die Rückseite, vernähen Sie den Faden ein paar Stiche entlang, und schneiden Sie ihn ab. Bei der neuen Farbe auch mit einem Knoten 2 cm von der Anfangstelle entfernt beginnen. Beenden Sie die Stickerei gemäß diesem Schema.

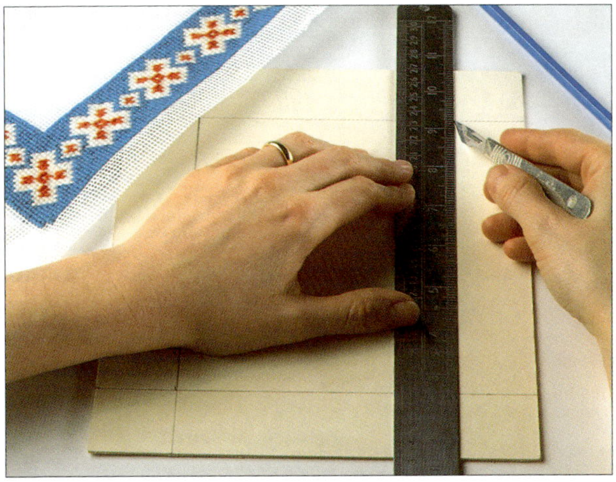

5 Versäubern Sie die Ränder des Leinens. Dämpfen Sie Ihre fertige Stickerei mit dem Bügeleisen und einem feuchten Tuch und ziehen Sie sie in Form. Zeichnen Sie deren Umrisse auf dicken Karton, verkleinern Sie sie an den Kanten um zwei Stickreihen, so daß die Stickerei beim Zusammensetzten des Rahmens darübergezogen werden kann. Den Kartonrahmen mit Skalpell und Lineal ausschneiden.

6 Schneiden Sie in der Rahmenöffnung mit einer scharfen Schere in das Leinen. Beginnen Sie in der Mitte, und schneiden Sie bis zu den Ecken, so daß sich vier dreieckige Lappen ergeben.

7 Plazieren Sie den Rahmen auf die verkehrt liegende Stickerei. Klappen Sie die dreieckigen Lappen über den Rahmen, und fixieren Sie sie mit Wäscheklammern. Achten Sie auf das Aussehen der Innenkanten von vorne. Eventuell das Leinen fester anziehen und die Klammern neu anbringen.

8 Überstehendes Leinen mit Abdeckband auf dem Karton fixieren. Mit den Außenkanten ebenso verfahren (siehe kleines Bild). Bedecken Sie ein verkehrt liegendes Bild mit dünnem Karton, und fixieren Sie ihn auf drei Seiten mit Klebeband.

Spiegel mit Goldvögeln

MATERIALIEN
Papier
Kleister aus Mehl und Wasser
Gesso
Spiegel
Acrylfarben
dünner Karton
goldenes Temperapulver
PVA-Leim
Epoxidharz
Spiegelhalterung
Sekundenkleber

WERKZEUGE
Schere
Haushaltspinsel
Bleistift
Zirkel
Lineal
Künstlerpinsel

DIESER GROSSE, RUNDE Spiegelrahmen besteht aus vielen Schichten Papiermaché. Er ist stark und leicht und zeigt all die interessanten Unregelmäßigkeiten, die Papier annimmt, wenn es naß wird, zusammen mit einem leicht zerklüfteten Rand, der durch die zahlreichen übereinandergelegten Papierkreise entsteht.

Die Zeiten der respektabel wirkenden gedämpften Farben sind vorüber. Die fließenden, opaken Goldkurven scheinen dahinzugleiten und wirken durch den Kontrast noch feiner. Genauigkeit bei der Goldmalerei ist nicht erforderlich, lediglich eine leichte, fließende Linie ist wichtig. Um ihre Pinselstriche aufzulockern, sollten Sie zuerst auf einem Stück Papier üben.

Die Ziervögel auf diesem Rahmen sind stilisiert und einfach aufzumalen, aber auch hier wird Ihnen etwas Übung zu perfekter Pinselführung bei Schnabel und Federn verhelfen. Der Kitt, der den Spiegel umgibt, muß sorgfältig modelliert werden, um gut auszusehen. Wenn Sie sich nicht zutrauen, gleichmäßige Wellenlinien zu formen, können Sie auch ein Muster aufprägen, etwa mit einer Gabel.

Ägäisches Blau
Diese disziplinierte Reihe eleganter goldener Vögel ist griechischen Ursprungs, das Blau des Rahmens weckt Erinnerungen an sonnige Tage am Meer und kleine Fischerboote. Das können nicht viele Spiegel.

Ein Spiegel mit einer Botschaft
– auch wenn sie schwierig zu entziffern ist. Die edle rhythmische Schrift auf marmoriertem Hintergrund wurde nach langem Üben mit einem Zobelpinsel aufgetragen. Der Kittrand wurde mit Perlen verziert.

Den Rahmen herstellen und verzieren

Elegante goldene Vögel marschieren in einem nie endenden Kreis unter einem strahlend blauen Himmel.

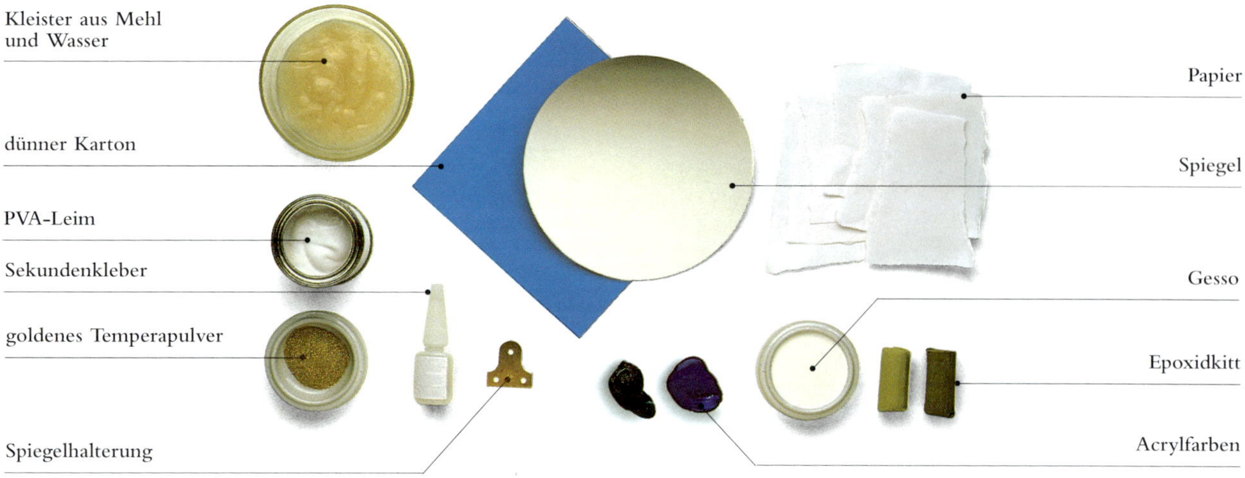

1 *Legen Sie einen großen, befeuchteten Papierkreis auf die Arbeitsfläche. Kleben Sie nun mit Mehl-Wasser-Kleister 20 Schichten Papier auf. Trocknen lassen. Die Ränder werden sich beim Trocknen leicht aufwölben. Nach dem Trocknen den Papierkreis beidseitig mit einer Schicht Gesso überziehen, um eine glatte Oberfläche zum Verzieren zu erhalten.*

2 *Sobald das Gesso trocken ist, zeichnen Sie in der Mitte rund um den Spiegel einen Kreis. Bemalen Sie den äußeren Rand des Kreises mit türkisfarbener Acrylfarbe.*

3 *Zeichnen Sie auf dünnen Karton mit einem Zirkel einen Kreis, der größer ist als der Spiegel, aber kleiner als der Papierkreis. Teilen Sie ihn mit Zirkel und Lineal in gleiche Segmente auf. Schneiden Sie in der Mitte einen Kreis in Spiegelgröße aus, und zeichnen Sie in jedem äußeren Segment eine sich wiederholende Vogelfigur. Diese Vogelschablone ausschneiden.*

4 *Legen Sie die Schablone so auf den Papierkreis, daß sich die inneren Kreise decken. Tauchen Sie einen Künstlerpinsel in mit Wasser vermischtes, goldenes Temperapulver, und zeichnen Sie entlang der Schablone die Umrisse der Vögel auf.*

5 *Bemalen Sie den inneren Rand rund um den Spiegel und den äußeren Rand des Papierkreises mit verdünnter ultramarinfarbener Acrylfarbe. Bemalen Sie den äußeren Rand entlang der Vogelformen mit Wellenlinien.*

6 *Fügen Sie die Details in die Vogelformen ein. Mit einem Künstlerpinsel und mit Wasser vermischtem, goldenen Temperapulver malen Sie Augen, Flügel und Federn auf.*

7 *Nach dem Trocknen kleben Sie den Spiegel mit PVA-Leim in die Mitte des Papierrahmens. Rollen Sie eine lange „Wurst" aus Epoxidkitt und kleben Sie sie rund um den Spiegelrand. Kneten Sie mit Ihren Fingern ein dekoratives Muster ein (siehe kleines Bild).*

8 *Verdünnen Sie goldenes Temperapulver mit Wasser, und bemalen Sie den Epoxidkittrand. Die Rahmenrückseite mit einer Schicht ultramarinfarbener Acrylfarbe versiegeln. Ein paar Stunden trocknen lassen und mit starkem Klebstoff eine Spiegelhalterung auf der Rückseite befestigen.*

Verhakter Rahmen

MATERIALIEN
dünner Karton
Jutesack
verschiedene Stoffstreifen, 2 cm breit
Latexklebstoff
transparenter Klebstoff
schwarzer Filz
schwarze Nähseide
Ringverschluß einer Getränkedose
Bildglas oder Spiegel

WERKZEUGE
schwarzer Markierstift
Stickrahmen
Platinennadel
Schere
Nadel
Stecknadeln

VOR LANGER ZEIT fertigte man Teppiche aus alten Wollsachen und Unterröcken an. Sie wurden von einem der jüngeren Familienmitglieder in Streifen geschnitten und auf einem Untergrund aus alten Mehlsäcken geknüpft oder verhakt, eine Beschäftigung, der man alljährlich den ganzen Winter über nachging. Diese Teppiche aus Stoffresten begrüßten dann als Fußabstreifer die Besucher oder verliehen dem Wohnzimmer Gemütlichkeit. Sie waren nicht für die Ewigkeit gedacht, und mit jedem Dienstjahr wurden sie degradiert, vom Wohnzimmer bis in die Küche; schließlich endeten sie auf dem Komposthaufen.

Heutzutage hat niemand mehr Zeit und Lust, auf diese Weise alte Kleider im großen Stil wiederzuverwerten, und es besteht auch keine wirtschaftliche Notwendigkeit dazu. Verhakte Stofflicken sind dennoch einfach herzustellen. Dieser witzige kleine Rahmen besteht aus billigen Kunstfasern und eignet sich wunderbar als Rahmen für Ihr Familienwappen. Vielleicht lassen Sie sich vom Verhaken verzaubern, und kein Stoffrest im Haus ist mehr vor Ihnen sicher.

Knitterfreies Trevira und Kronen
Teppiche verhaken macht süchtig. Es ist eine jener einfachen, entspannenden Beschäftigungen, die Probleme in weite Ferne rücken. Beginnen Sie mit einer witzigen, schnell gemachten Kleinigkeit, wie diesem gekrönten Rahmen, und bald werden Sie sich an einen fürstlichen Wohnzimmerteppich für den Ostflügel machen.

Absolut fetzig
Als eine freche Persiflage auf Pomp und Prunk, besitzen diese Stoffreste einen Reiz – königliches Rot, Limettengrün, eine rote Krone und eine heraldische Lilie in verschiedenen puppenartigen Werkstücken. Der perfekte Rahmen für Ihre Investitur-Urkunde.

007

Den Rahmen herstellen und verzieren

Dieser kleine Rahmen ist ein Traum an Recycling – sogar der Haken zum Aufhängen stammt von einer Getränkedose.

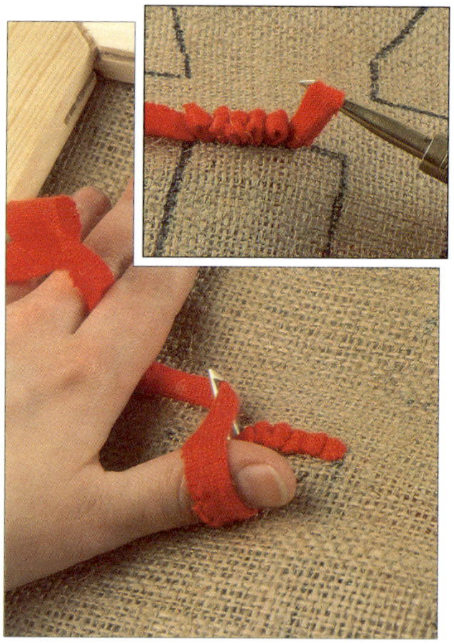

1 *Fertigen Sie Ihre persönliche Rahmenform aus Karton. Zeichnen Sie diese mit einem Markierstift auf den Jutestoff, lassen Sie dabei auf jeder Seite einen Rand von mindestens 7,5 cm. Spannen Sie den Stoff in einen Stickrahmen ein.*

2 *Halten Sie einen Stoffstreifen unter die Jute, und stechen Sie von oben mit der Platinennadel ein. Schlagen Sie den Streifen über die Nadel, bilden Sie eine Schlaufe, und ziehen Sie sie dann mit dem Stoffstreifen wieder nach oben.*

3 *Stechen Sie neben der Schlaufe in die Jute ein, schlagen Sie den Stoff um die Nadel, ziehen Sie sie mit dem Stoff auf die Oberseite, und bilden Sie eine Schlaufe. Schlaufe auf die gewünschte Höhe bringen (siehe kleines Bild).*

4 *Füllen Sie so mit verschiedenen Schlaufenreihen den ganzen Rahmen aus. Wenn ein Stoffstreifen zu Ende geht, ziehen Sie das Ende auf die Vorderseite, und schneiden Sie es auf Schlaufenhöhe ab. Wechseln Sie auf Wunsch die Farben.*

5 *Entfernen Sie den Stickrahmen, und legen Sie den Jutestoff mit der Oberfläche nach unten auf eine Fläche. Schneiden Sie überschüssigen Jutestoff ab, lassen Sie aber einen Rand von 5 cm. Bestreichen Sie mit einem Stück Karton die Rückseite mit einer dünnen Schicht Latexkleber.*

6 *Machen Sie mit einer Schere diagonale Schnitte in die Ecken der Jute bis zur verhakten Fläche, und biegen Sie die Ränder ein. In den Ecken fest zusammenpressen und überschüssigen Stoff abschneiden.*

7 *Machen Sie diagonale Schnitte in die mittlere Bildfläche des Jutestoffes, von einer Ecke zur anderen. Biegen sie die dreieckigen Lappen auf die klebrige Fläche, und lassen Sie den Rahmen 30 Minuten lang trocknen.*

8 *Tragen Sie auf der Rahmenrückseite transparenten Kleber auf, und pressen Sie diese auf schwarzen Filz. Versäubern Sie die Kanten, und schneiden Sie die Bildfläche in der Mitte aus. Nähen Sie den Filz rundherum mit Schlingstichen mit der Nähseide an den Jutestoff. Zwei Stunden lang trocknen lassen.*

9 *Schneiden Sie ein Stück Filz aus, um eine Tasche für das Bilderglas oder den Spiegel herzustellen. Auf der Rückseite über der Bildfläche mit Stecknadeln befestigen und mit Knopflochstich in schwarzer Nähseide fixieren. Anschließend noch einen Getränkedosenring als Aufhänger an der Rückseite festnähen (siehe kleines Bild).*

Kunstvolles Seidenpapier

MATERIALIEN
Pulverfarbe
matte Acryl-copolymeremulsion
säurefreies einfarbiges und gemustertes Seidenpapier
Metallpulver
MDF-Platte, 12 mm dick
Acrylfarben
mattes Acrylgel, medium
PVA-Leim
dunkelblaue Emulsionsfarbe
Holzdübel
Spiegel
Karton
Nägel
2 Hängehaken
Schnur

WERKZEUGE
Haushaltspinsel
Künstlerpinsel
Bleistift
Tischler-Bandsäge
Lineal
Hammer

AUF DEN ERSTEN BLICK ist es unmöglich festzustellen, woraus dieser Rahmen besteht. Schichten kräftiger Farben und Gold verleihen ihm die Noblesse eines indischen Palastes und die Struktur von Stuckmarmor. Die opulente unregelmäßige Oberfläche ist begrenzt von klaren Kanten und Mustern, ein Kontrast zwischen Material und Methode, der beide positiv hervorhebt. Die Teile dieses Rahmens folgen einer gewissen, wenn auch nicht symetrischen Anordnung, wogegen die Form einzigartig ist, mit all den Bögen und Schnörkeln eines islamischen Tores. Dieser Spiegel erzeugt mit einfachen Mitteln ein exotisches Flair.

Das Geheimnis dieses Rahmens liegt in geschichteten, zarten Farben. Hier gibt es nichts Grelles und Leuchtendes. Eine Kombination aus herbstlichen Braun- und Rottönen hätte sicherlich eine ähnliche Wirkung. Wollen Sie etwas anderes, können Sie ein Holzschnittmotiv, in Zinnoberrot auf rauhem naturweißen Papier gedruckt, einfügen. Dieser Rahmen ist einzigartig. Er macht sich wunderbar an einer weißen Wand, sieht aber auch auf Paisley- oder Folklorestoffen oder lebhafter temperaähnlicher Farbe bestechend aus.

Hochwirksame Farben
Dieser Rahmen verbreitet opulente Exotik und den Reichtum einer Kasbah. Er zeigt eindrucksvoll, was man mit Farbe und Seidenpapier alles erreichen kann. Eine Mischung aus Spontaneität und Planung bestimmt den farblichen Aufbau, und das Zusammensetzen der Collage ist ein Wunder an lässiger Geschicklichkeit.

Erforschen des Spektrums
Kleine Formabweichungen betonen den Entwurf, der das Kaleidoskop an Farben auf diesen Rahmen zusammenhält. Ohne diskrete, aber energische Führung könnten sich diese visuellen Symphonien leicht in chaotische Katzenmusik verwandeln.

Den Rahmen herstellen und verzieren

Selbst gestaltetes Seidenpapier in lebendigen Pfauenfarben gibt diesem luxuriösen Rahmen seinen Reiz.

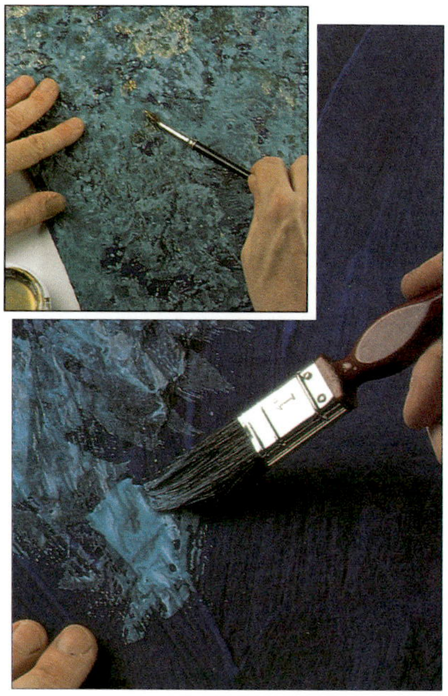

1 *10 Teile Pulverfarbe und 1 Teil matter Acrylcopolymeremulsion mit Wasser verdünnen, bis dies die Konsistenz von Sahne hat. Damit einfarbiges Seidenpapier bestreichen. Nach dem Trocknen blassere Farben und mit matter Acrylcopolymer-emulsion vermischtes Metallpulver in rollenden Bewegungen auftragen (siehe kleines Bild). Trocknen lassen.*

2 *Zeichnen Sie die Rahmenform auf eine MDF-Platte (mitteldichte Faserplatte). Sie können eine einfache, runde oder quadratische Form wählen oder, so wie hier, einen Bogen mit hervorstehenden Teilen, die einen zusätzlichen Reiz verleihen, entwerfen. Mit einer Tischler-Bandsäge ausschneiden.*

3 *Verschiedene Flächen in blauer, lila und grüner Acrylfarbe bemalen. Auf diese Weise den ganzen Rahmengrund bedecken und trocknen lassen.*

4 *Zeichnen Sie rund um den inneren Rahmen ein Rechteck, um beim Kleben eine Leitlinie zu haben. Kleben Sie mit mattem Acrylgel überlappende Streifen dekorierten Seidenpapiers auf den Rahmen. Tragen Sie beliebig viele Schichten auf.*

5 *Kleben Sie entlang der Leitlinie weitere Streifen dekorierten Seidenpapiers in passenden Farben rund um den Mittelteil des Rahmens.*

6 *Für den inneren Rahmen schneiden Sie aus einer weiteren MDF-Platte ein Stück zu, das größer als die Rahmenöffnung ist. In der Mitte eine Öffnung für den Spiegel ausschneiden. Bekleben Sie den Rahmen mittels mattem Acrylgel mit dekoriertem Seidenpapier. Das Papier entlang der inneren Kante zurückfalten. Den inneren Rahmen mit PVA-Leim an den äußeren kleben. Mit einem Gewicht beschwert über Nacht trocknen lassen.*

7 *Kleben Sie je nach Wunsch weiteres Seidenpapier auf. Trocknen lassen und dann die Rückseite mit dunkelblauer Emulsion bestreichen. Nach dem Trocknen auf der Rückseite vier Holzdübel entlang der Spiegelöffnung aufkleben. Den Spiegel in die Dübelhalterung legen, mit einem Kartonrücken bedecken (siehe kleines Bild) und mit Nägeln fixieren (siehe S. 9). Hängehaken und Schnur je nach Bedarf anbringen (siehe S. 9).*

Rein stofflich

MATERIALIEN
dicker Karton
Wellpappe
Spiegelfliese
Abdeckband
Baumwollstoff
kontrastierender Baumwollstoff
PVA-Leim
Stickgarn
Vorhangring
Borte

WERKZEUGE
Filzstift
Stanley-Messer
Lineal
Schere
Nadel
Stecknadeln

DIESE MIT STOFF überzogenen Rahmen sind eine Bereicherung für jeden Raum. Sie sind leicht und schnell hergestellt, und man benötigt nur einfache Materialien: Stoffreste, Bortenstücke und ein Kartongerüst.

Bei dieser einfachen Technik gibt es keine Grenzen, was Größe, Form oder Farbe angeht. Minarettformen in kräftigen Naturfarben machen sich wunderbar inmitten von indianischen Decken; klassische Quadrate und Rechtecke passen in schlichtere Heime. Ein runder Chintz-Rahmen, der von einem Bogen herabhängt, ist ideal für ein Frauenschlafzimmer, wogegen ein dreieckiger Rahmen im Schottenkaro, verziert mit Metallnieten, ein männliches Antlitz widerspiegelt, ohne peinlich zu wirken. Streifenmuster sehen frisch und rein aus; grelle Flecken könnten Eitelkeit vertreiben. Wollen Sie einen eher luxuriösen Rahmen, dann experimentieren Sie mit Dekorstoffen; Samt und Brokat bringen einen Hauch von Renaissance auch in das bescheidenste Vorzimmer.

Paisley-Kasbah
Diese hübsche Silhouette erinnert an das Gewölbe eines indischen Palastes. Der Rahmen wird mit lebhaftem, rotem Paisleystoff überzogen und mit einer Zierborte und einem grünen Stoffband vollendet.

Perfekte Anpassung
Passende Stoffe ergeben ein wunderbares Ensemble. Wenn Ihnen viele Spiegel überladen erscheinen, können Sie die dominante Farbe von Postkarten, Bildern oder Fotos auf Ihren Rahmen übertragen oder kontrastieren.

Den Rahmen herstellen und verzieren

Der Stoff wird mit PVA-Leim auf den Rahmen geklebt. Achten Sie dabei darauf, daß kein Kleber auf die Spiegeloberfläche gelangt, da er diese zerstören kann. Andernfalls wischen Sie ihn sofort mit einem feuchten Tuch ab.

1 *Fertigen Sie eine bogenförmige Kartonschablone an. Übertragen Sie die Form dreimal auf Wellpappe und zweimal auf dicken Karton und schneiden Sie sie aus. Schneiden Sie in der Mitte eines Kartonbogens ein Fenster aus, das an allen Seiten um 12 mm kleiner als die Spiegelfliese ist.*

2 *Zeichnen Sie den Umriß der Spiegelfliese auf einen der Wellpappenbögen. Mit einem Stanley-Messer ausschneiden, das Mittelstück entfernen und durch die Spiegelfliese ersetzen. Rundherum an den Kanten mit Abdeckband fixieren, sowohl auf der Vorder-, als auch auf der Rückseite der Pappe.*

3 *Legen Sie zwei Kartonbögen auf die beiden kontrastierenden Stoffe. Ausschneiden, dabei einen Rand von 3 cm lassen. Ein Stoffstück auf die Seite legen und aus dem anderen ein Fenster mit einem Rand von 2 cm ausschneiden. An den Ecken einschneiden und die Stoffkanten mit PVA-Leim auf den Karton kleben.*

4 Schneiden Sie vier Streifen aus kontrastierendem Stoff in einer Breite von 4 cm und der Fliesenlänge zu. Zur halben Breite zusammenlegen und gut falten, damit eine saubere Kante entsteht. Kleben Sie die Streifen mit PVA-Leim hinten auf die Kanten der Fensteröffnung. Lassen Sie den Stoff hervorstehen, so daß er von vorne noch sichtbar ist.

5 Nehmen Sie das Stickgarn, und befestigen Sie den Vorhangring mit einfachen Stichen oder mit Knopflochstichen oben in der Mitte des zweiten Stoffstückes. Der Ring muß fest sitzen, da er das Gewicht des Spiegels trägt. Nur eine Hälfte des Ringes umnähen, die andere dient als Haken.

6 Legen Sie den Stoff mit der Ringseite nach unten auf den Tisch. Kleben Sie mit PVA-Leim einen Wellpappenbogen auf den übrigen Kartonbogen, und legen Sie sie auf den Stoff, mit dem Karton auf der Unterseite. Den Stoff über die Kanten schlagen und entlang der Bogenkurven mit der Schere etwas einschneiden. Mit PVA-Leim fixieren.

7 Kleben Sie den vorderen Rahmenteil auf die beiden übrigen Wellpappebögen (damit der Spiegel nicht mit PVA-Leim in Berührung kommt, da dies die silbrige Oberfläche des Spiegels zerstört), und kleben Sie Vorder- und Rückenteile mit PVA-Leim zusammen. Lassen Sie den Rahmen unter einem schweren Gewicht ein paar Stunden lang trocknen.

8 Kleben Sie Zierborte rund um den Rahmen, passen Sie die Länge dem Umriss des Rahmens an. Während des Trocknens mit Stecknadeln fixieren. Die Stecknadeln entfernen und den Spiegel polieren, um Flecken zu entfernen.

Gotischer Spiegel

MATERIALIEN
Pauspapier
dicke Wellpappe
PVA-Leim
Zeitungspapier
Tapetenkleister
schwarze Acrylfarbe
Holzlatte
Spiegel
Spiegelklebstoff
Schnur
Modellierton
weiße Emulsionsfarbe
dunkelgraue Grundierfarbe
dunkelblaue Glanzlackfarbe
goldene Acrylfarbe
2 D-förmige Bildaufhänger

WERKZEUGE
Bleistift
Stanley-Messer
Metallineal
Künstlerpinsel
Haushaltspinsel
Schwamm
kleine Schüssel
Schraubenzieher

IN DIESEM WUNDERBAREN Spiegel könnte Graf Dracula überprüfen, ob nach dem Essen Spinatreste an seinen Eckzähnen kleben, bevor er auf die nächtliche Tour geht; der Graf von Essex könnte seine Halskrause zurechtzupfen, um schön zu sein für seine Königin. Dieser Spiegel hat Stil, und seine komplizierte Bauweise läßt die bescheidenen Ursprünge vergessen. Trotz seiner beträchtlichen Größe besteht dieser festungshafte Rahmen lediglich aus Wellpappe und ist überraschend leicht.

Um sein antikes Flair zu verstärken, können Sie fleckiges, alt aussehendes Glas einsetzen und die Farben etwas verändern. Er würde sich, mit krenelierten Ecktürmen verziert, auch sehr gut in einem feudalen Umfeld machen, vielleicht einem gotisch gewölbten Gang, wo er das flackernde Licht von Bienenwachskerzen auf eisernen Kerzenständern reflektiert. Seine würdige Männlichkeit und sein witziger Hang zur Persiflage würden auch gut an die weiße Wand einer modernen Designerwohnung passen.

Größe zum Grübeln
An diesen Spiegelrahmen muß man sich erst herantasten, ein hoffnungsvoller Anfang, bis Sie sich die Anzahlung für Ihr Schloß leisten können. Im Idealfall hängen eine Hellebarde, ein Kettenhemd und Ihre Turnierlanze gleich daneben.

Zinnen aus Karton
Eine rotbraune Version eines Wappenspiegels, komplett mit Ecktürmen, Stern, Helmzierde und Zinnen. Dieser Rahmen ist nicht einfach herzustellen, aber Ihre Mühen werden durch seine Schönheit belohnt.

Den Rahmen herstellen und verzieren

Ein schöner und kühner Spiegel – ein wahres Wunder, wenn man bedenkt, daß er aus nichts Heldenhafterem besteht als aus Wellpappe.

1 *Fotokopieren Sie die Schablonen für den Rahmen (siehe S. 92/93) auf die gewünschte Größe, pausen Sie Teile A bis I auf Wellpappe und die Teile K und L auf starken Karton. Verwenden Sie ein Stanley-Messer und ein Metallineal für die geraden Kanten; alle Teile ausschneiden. Sie sollten 14 Wellpappe-Stücke haben; die Zahl der Kartonstücke – der Ziegel – hängt von der Größe Ihres Rahmens ab.*

2 *Befestigen Sie die beiden Seitenteile (E) mit PVA-Leim auf dem Vorderteil (D). Kleben Sie Streifen zerrissenen Zeitungspapiers mit Tapetenkleister über die innere Kante, und bemalen Sie die Unterseite der inneren Kante mit schwarzer Acrylfarbe, so daß der Karton im Spiegel nicht reflektiert wird.*

3 Kleben Sie die Holzleiste mit Spiegelklebstoff oben auf die Spiegelrückseite. Setzen Sie den Rahmen gemäß der Abbildung auf S. 93 zusammen. Die Rückenteile (A und B) mit PVA-Leim am Mittelstück (C) befestigen. Den Spiegel in der Mitte mit Spiegelkleber fixieren. Markieren Sie die Position der Leiste auf der Rückseite des Rahmens, da hier die Bildaufhänger angebracht werden.

4 Kleben Sie das Vorderteil (D) mit PVA-Leim über den Spiegel. Befestigen Sie auf den Seitenteilen unten zwei Stufen (I und H) und oben die Zinnen (F), und fixieren Sie den Stern (G) oben in der Mitte des Rahmens. Kleben Sie mit Tapetenkleister drei bis vier Lagen überlappende Streifen zerrissenes Zeitungspapier über den gesamten Spiegelrahmen, und lassen Sie ihn trocknen.

5 Fügen Sie dekorative Details hinzu. Kleben Sie Schnur rund um die Kante des Mittelstückes. Aus Modellierton einen Stern, Bossen und eine heraldische Lilie (J) formen und auf dem Mittelstück fixieren. Kleben Sie abwechselnd lange und kurze Ziegelsteine (K und L) auf die Seitenkanten.

6 Versiegeln Sie den ganzen Rahmen mit mehreren Schichten weißer Emulsionsfarbe. Nach dem Trocknen tragen Sie eine Schicht dunkelgrauer Grundierfarbe auf, und überziehen Sie den Rahmen mit dunkelblauer Glanzlackfarbe. Trocknen lassen.

7 Tauchen Sie einen Schwamm in goldene Acrylfarbe, streifen Sie überschüssige Farbe in einer Schale ab. Betupfen Sie die hervorgehobenen Stellen, also Ziegel, Stern, Bossen, Lilie und Stufen. Nach dem Trocknen zwei Bildaufhänger an der Markierung auf der Rahmenrückseite befestigen (siehe kleines Bild).

Goldener Samtrahmen

MATERIALIEN

Papierquadrat, 35 cm groß

Samtquadrat, 35 cm groß

2 Stoffquadrate, 30 cm groß

mehrfarbiger Reyon-Faden

gerissene Streifen aus blauer und orangefarbener Seide, 12 mm breit

PVA-Leim

Spiegelfliese

2 Wellpappenquadrate, 25 cm groß

goldener Emaillack

Abdeckband

WERKZEUGE

Filzstift

Lineal

Stecknadeln

Schneiderkreide

Nähmaschine

kleine, scharfe Schere

2 Haushaltspinsel

Stanley-Messer

In seiner Opulenz ist dieser Rahmen kaum zu schlagen. Die Materialien erinnern an Aladdins Höhle, in ihrem Reichtum an Farben und Mustern, die zum Anfassen einladen. Dieser Rahmen ist ideal für alle Sammler. Sie können Überbleibsel, die im Laufe der Zeit zusammenkommen, verwerten, etwa Geschenkschleifen, die zu schade zum Wegwerfen sind. Aber Sie dürfen nicht kleinlich sein; die dramatische Wirkung dieses Rahmens kommt vor allem von seiner zufälligen Ungenauigkeit. Wenn Sie jedoch zu sorgfältig arbeiten, wird Ihr Stück pingelig aussehen.

Stoff besitzt einen großen Vorteil: Sie können vorweg verschiedene Farb-, Struktur- und Musterkombinationen ausprobieren. Hier liegt das Geheimnis in der aufwendigen Mischung aus Seide und Samt, die kennzeichnendes Element des spanischen Barock ist. Sie können auch bewußt übertreiben und goldene Quasten, Spiegelglas, Pailletten, Borten und Perlen verwenden. Oder Sie können sich für schlichtere, altbewährte Materialien entscheiden. Lassen Sie sich von Ihrem Stoffgefühl leiten.

Barocker Glanz
Manchmal braucht jeder einen Hauch von Luxus. Dabei darf man aber keineswegs schüchtern sein. Wenn Sie Luxus wollen, dann seien Sie kompromißlos, verwenden Sie sinnliche Velourstoffe, üppige Samtwolken und Goldblumen. Trauen Sie sich!

Verschwenderische Überbleibsel
Es gibt viele Möglichkeiten, mit Satin, Seide, Samt und Gold Muster zu gestalten, je nach Materialien, Ideen und Ihrer Energie. Nehmen Sie Anleihen bei gotischer Architektur oder mittelalterlichen Kostümen.

Den Rahmen herstellen und verzieren

Beim Gestalten des Rahmens schaffen Sie ein Kaleidoskop an Farben und Mustern mit Stücken aus Ihrer buntgemischten Stoffsammlung. So können Sie endlich die Stoffreste verwenden, die zum Wegwerfen zu schade sind.

1 *Zeichnen Sie das Design des Rahmens mit Filzstift auf Papier, hier ist es ein symmetrisches Muster mit geraden und kurvigen Kanten. Stecken Sie die linke Samtseite auf die rechte Seite eines der gemusterten Stoffquadrate. Übertragen Sie das Muster mit Schneiderkreide vom Papier auf den Samt (siehe kleines Bild).*

2 *Nähen Sie nun mit der Nähmaschine und dem mehrfarbigen Reyon-Faden zweimal entlang der Kreidelinien, entlang der Kanten nähen Sie im Zickzack-Stich.*

3 *Schneiden Sie nun mit einer kleinen Schere den Samt in jedem zweiten Feld entlang der äußeren Kante aus, um den Stoff darunter zum Vorschein zu bringen. Schneiden Sie eng an der genähten Linie, ohne den Faden zu durchtrennen.*

4 *Nähen Sie blaue Seidenstreifen an die ausgeschnittenen Kanten, um den Samt zu umrahmen. Wenn ein Streifen zu Ende ist, hängen Sie einfach den nächsten Streifen an und fahren Sie mit dem Nähen fort.*

5 *Nähen Sie mit orangefarbenen Seidenstreifen Dreiecke in die inneren Samthalbkreise. Verwenden Sie dabei entweder den Geradstichfuß oder den Stickfuß der Nähmaschine. Schneiden Sie das Mittelstück der Stoffquadrate aus.*

6 *Stoffoberfläche mit PVA-Leim bestreichen. Trocknen lassen, bis der Klebstoff transparent wird. Dann die Oberfläche leicht mit goldenem Emaillack bestreichen, so daß er nur an den erhabenen Stellen haften bleibt (siehe kleines Bild).*

7 *Schneiden Sie mit einem Stanley-Messer ein Quadrat von der Größe der Spiegelfliese aus dem Wellpappenstück aus. Den Spiegel einfügen und mit Abdeckband befestigen. Bestreichen Sie die Wellpappe rund um den Spiegel mit PVA-Leim, und legen Sie ihn mit der klebrigen Seite auf die Rückseite des Stoffquadrates, genau über die Stofföffnung. Ziehen Sie den gemusterten Stoff zur Wellpappenkante, und bestreichen Sie den Samt mit Klebstoff. Den Samt über die Pappe falten und fest andrücken.*

8 *Kleben Sie ein gemustertes Stoffstück auf das verbleibende Kartonstück, und biegen Sie die Kanten zum Fixieren um. Kleben Sie dieses Quadrat nun mit der Kartonseite nach innen mit PVA-Leim auf den Spiegelrahmen. Bei Bedarf können Sie noch einen Vorhangring als Aufhängvorrichtung auf der Rückseite annähen* *(siehe S. 77).*

Ideen zum Ausprobieren

Papier und Stoff kann man unglaublich vielseitig verwenden und auch viel Spaß haben. Diese Seiten sollen Sie dazu ermutigen, Ihren Erfindungsgeist beim Bauen und Gestalten Ihres Rahmens mit Verhaken, Maschinenstickerei, Papiermaché, ausgeschnittenen Motiven und Batik voll zum Einsatz kommen zu lassen.

► **Wattierter Seidenrahmen**
Dieser dekorative Spiegelrahmen im islamisch-indischen Stil besteht aus Seide. Er wurde mit applizierten Formen und dekorativen Stichen verziert und schließlich noch mit Wattierung gefüllt.

▲ **Vogelhaus aus Papiermaché**
Bei diesem farbenfrohen Papiermaché-Rahmen mit stilisierten Vogelmotiven haben wir Papierbrei auf eine Kartongrundlage aufgetragen, die rissige Struktur stammt von Buntstiften.

◄ **Verhakte Flickentasche**
Eine fröhlich frische Anlehnung an die Jahrhunderte alte Tradition des Verhakens. Dieser Rahmen besteht aus roten, gelben und blauen Stoffresten, seine Herstellung geht schnell und macht unglaublichen Spaß.

▶ **Glamour durch Gold**

Dieser Rahmen ist für zaghafte Menschen ungeeignet. Seine glanzvolle Erscheinung bringt Glamour in jedes Haus. Er besteht aus Spanplatte und Papierbrei und wurde mit Ölbasisfarben und unechtem Blattgold verziert.

▲ **Hübsche Papierarbeit**

Dieser sorgfältig gefertigte Schachtelschrank aus geklebten und zusammengesteckten Holzstücken wurde mit mehreren Schichten zerrissenem Papier bedeckt und mit Ölfarben und Tusche verziert. Kupfer und Messing dekorieren ihn zusätzlich.

◀ **Elektrisierende Farben**

Dieser kunterbunte Rahmen umgibt ein eingefügtes Kunstwerk. Er besteht aus Sperrholz und ist mit Wasserfarbpapier bedeckt, das mit säurereaktiven Farben coloriert und mit Stiften verziert wurde. Papierrollen sind ein zusätzlicher Blickfang.

► Papier und Gold
Dieser elegante Spiegel versteckt sich hinter Türen. Er hat einen Kartongrund, der mit Papier bedeckt wurde. Die Türen wurden reichlich mit ausgeschnittenen Motiven, Blattgold, Muscheln und allerlei Trödel verziert.

◄ Imposanter Bogen
Dieser 1,5 m hohe bogenförmige Rahmen besteht aus mit Papiermaché bedeckten Kartonschichten. Er wurde mit PVA-Leim und Modellierton verziert, mit gebrannter Umbraemulsion bemalt und mit Goldfarbe betupft, wodurch er eine glänzende Oberfläche erhielt.

▼ Silbern eingefaßt

Dieser elegante Rahmen ist schnell gemacht. Kleben Sie verziertes handgemachtes Papier auf einen schlichten Holzrahmen. Fassen Sie die innere Kante mit unechtem Blattsilber ein, und versiegeln Sie den Rahmen mit Lack.

► Klassische Antike

Dieser beeindruckende Bogenrahmen im klassischen Stil besteht aus Wellpappe, die mit Zeitungspapierschichten bedeckt und dann komplett mit dunkelgrauen Emulsionsfarben betupft wurde.

▼ Batikrahmen

Dieser mit handbemaltem Stoff geschmückte Holzrahmen wurde zuerst mit Autolack besprüht, dann der mit Batik verzierte Stoff in Position geklebt, und der gesamte Rahmen mit durchsichtigem, wasserfestem Lack besprüht.

▲ Von Efeu umrankt

Dieser einfallsreiche Papiermaché-Rahmen wurde mit Efeublättern verziert; jedes davon besteht aus mehreren zusammengeklebten Papierschichten und wurde mit Draht am Rand befestigt.

Schablonen

Hier finden Sie die Schablonen für vier der Werkstücke in diesem Buch. Vergrößern Sie sie mit einem Kopierer auf das gewünschte Format, verändern Sie dabei aber die Proportionen nicht.

Rustikaler Hühnerrahmen

(S. 40)

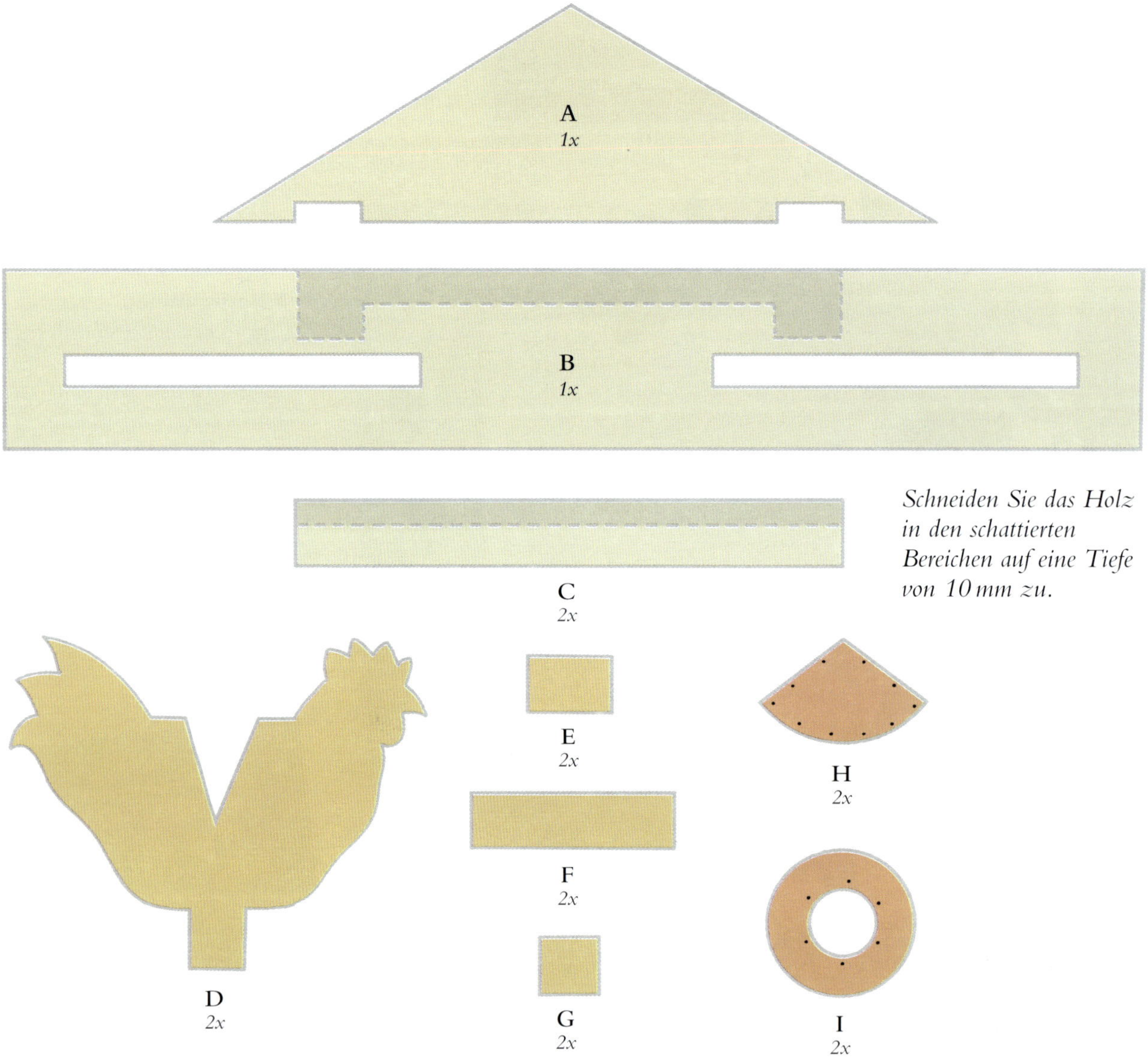

Schneiden Sie das Holz in den schattierten Bereichen auf eine Tiefe von 10 mm zu.

Feudaler Wandleuchter

(S. 44)

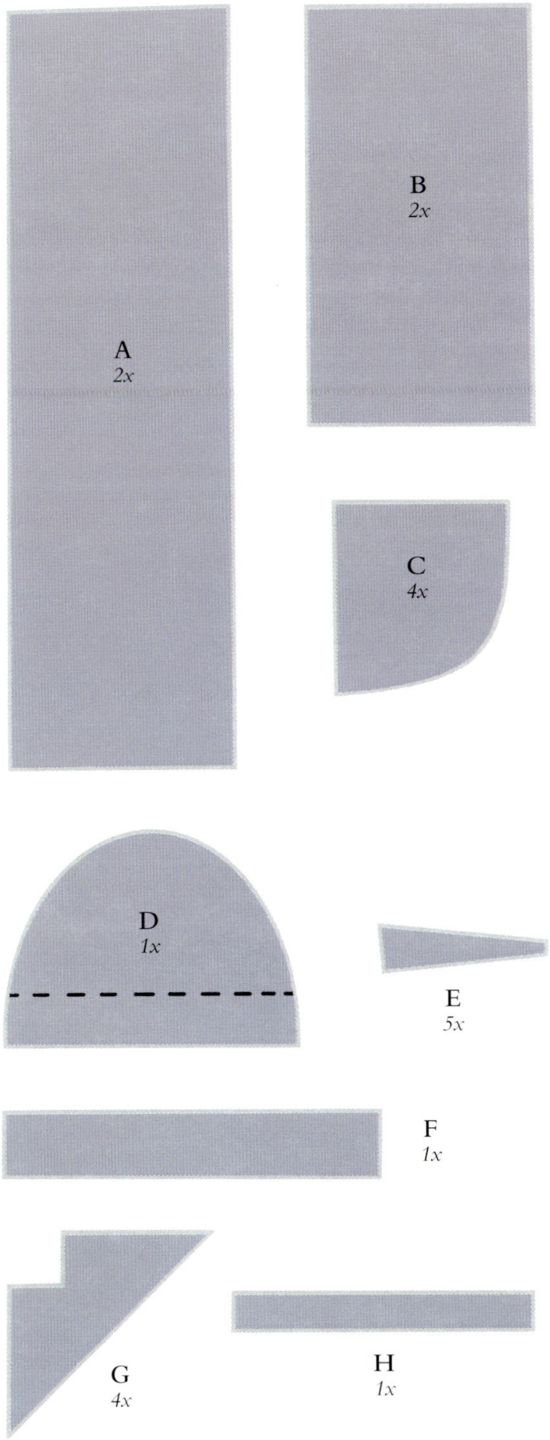

Folklorestickerei

(S. 58)

Gotischer Spiegel

(S. 78)

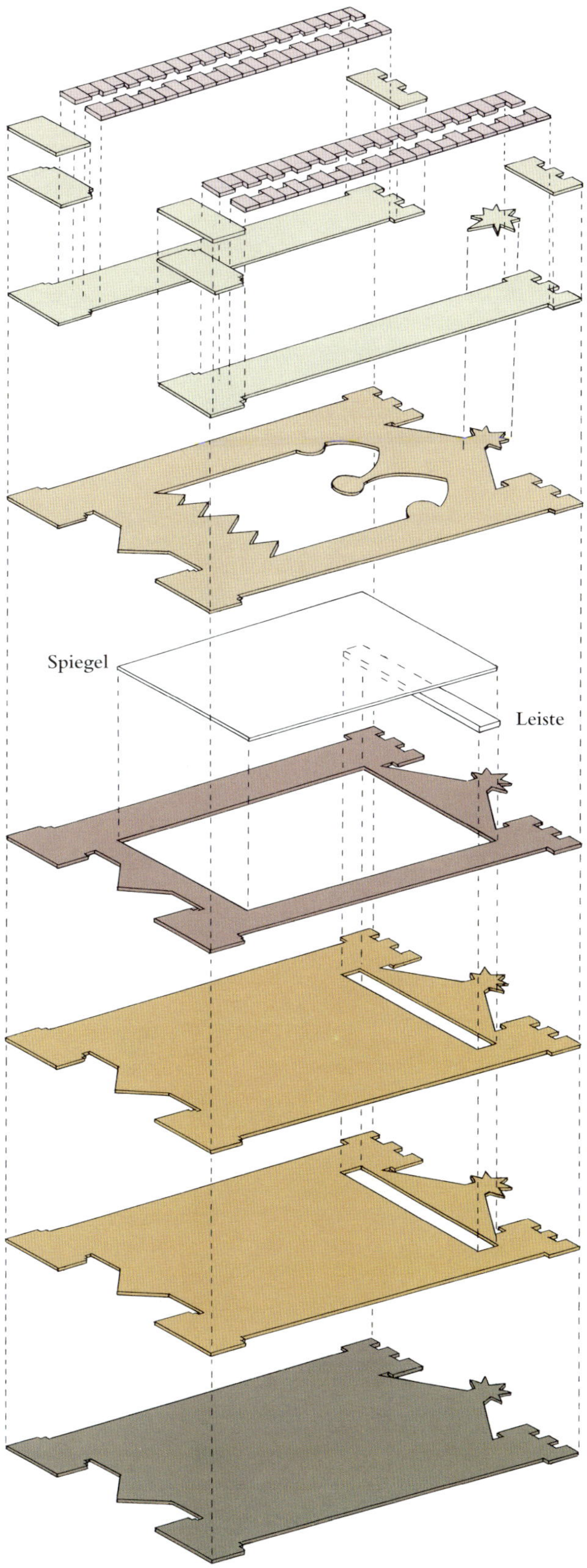

Setzen Sie den Rahmen gemäß dieser Abbildung zusammen.

Index

Danksagung

Dieses Buch wäre nicht möglich gewesen ohne das Talent und die Großzügigkeit der vielen RahmenbauerInnen, deren Werke es enthält. Handwerker sind eine gefährdete Gruppe und leben oft in bescheidenen Verhältnissen. Ich hoffe, daß Sie mit diesem Buch die Genugtuung und den Spaß, den sie haben, teilen können, daß es Sie aber nicht davon abhält, ihre kunstvollen, einzigartigen und inspirierenden Werke zu kaufen, wenn Sie sie irgendwo sehen. Zum Glück gibt es einige hervorragende Kunstmessen, zum Beispiel Craft Movement, Dazzle und die Chelsea Craft Fair. Von den vielen vor Talent strotzenden Galerien waren die Bluecoat School in Liverpool und die Craftdirect in Brighton besonders hilfreich und inspirierend.

Die Menschen, die die hinreißenden Rohstoffe in ein Buch faßten, waren unser Photograph Clive Streeter, der Geduld, Ausdauer und Einfallsreichtum in einer Person vereint; Marnie Searchwell, die darauf achtete, daß die Stücke gut aussahen, und bei der Qualitätssicherung sicher und unermüdlich Hand anlegte; Ali Edney, der gute Geist der Stilisten, die auf der Suche nach Requisiten große Distanzen zurücklegte; und Heather Dewhurst, die die schwierigste Aufgabe hatte, nämlich das Haiku der schrittweisen Erklärungen zusammenzustellen und couragiert zu redigieren.

Stuart Stevenson, vom exzellenten Geschäft gleichen Namens, stellte uns Farben und Papier zur Verfügung. Roger Bristow startete ein oder zwei mutige Rettungsaktionen, und Sarah Hoggett sorgte dafür, daß sich die widerspenstige Bande so benahm, wie es sich gehört. Schließlich haben auch noch Kate Haxell und Claire Worthington mehr beigetragen, als sie dachten.

Die folgenden Firmen stellten freundlicherweise Requisiten für die Photos zur Verfügung:

The Bath House
Liberty PLC, Regent Street,
London W1R 6AH;
Tel: 0171-734 1234.
Seifenschale, Seife, Schnecken und Chrommetallflaschen auf S. 55; Milchglasflaschen auf S. 59

City Hardware
6-10 Goswell Road,
London EC1M 7AA;
Tel: 0171-253 4095.
Eisenwaren

Czech & Speake
244-254 Cambridge Heath Road, London E2 9DA;
Tel: 0181-980 4567.
Glassims mit Metallhalterung auf S. 55

Farrow & Ball
33 Uddens Trading Estate,
Wimborne, Dorset BH21 7NL;
Tel: 01202 876141.
„Stone White" matte Emulsionsfarbe auf S. 21

Foxell and James Ltd
57 Farringdon Road,
London EC1M 3JH;
Tel: 0171-405 0152.
Spezielle Farben und Pigmente

C.R. Frost & Son Ltd
60-62 Clerkenwell Road,
London EC1M 5PX;
Tel: 0171-253 0315.
Spezielle Eisenwaren

Liberty PLC
Regent Street,
London W1R 6AH;
Tel: 0171-734 1234.
Kurzwaren

Osborne and Little
49 Temperley Road,
London SW12 8QE;
Tel: 0181-675 2255.
Tapete auf S. 13 und S. 79

Stuart R. Stevenson
68 Clerkenwell Road,
London EC1M 5QA;
Tel: 0171-253 1693.
Künstlerbedarf

The V & N
29 Replingham Road,
London SW18 5LT;
Tel: 0181-874 4342.
Perlenkette auf S. 59; zwei französische Kerzenständer auf S. 83

Watts of Westminster
7 Tufton Street,
London SW1P 3QE;
Tel: 0171-222 2893.
Baumwoll-Chenille auf S. 83